Grawe | Theodor Fontane. 100 Seiten

* Reclam 100 Seiten *

CHRISTIAN GRAWE, geb. 1935, war bis zu seiner Emeritierung Professor für deutsche Literatur an der University of Melbourne. Neben Jane Austen gehört Theodor Fontane zu den klassischen Autoren, mit denen er sich besonders intensiv beschäftigt hat.

Christian Grawe

Theodor Fontane. 100 Seiten

Reclam

2019 Philipp Reclam jun. Verlag GmbH,
Siemensstraße 32, 71254 Ditzingen
Umschlaggestaltung: zero-media.net
Umschlagabbildung: FinePic®
Infografiken (S. 11, 72 f.): annodare GmbH, Agentur für Marketing
Bildnachweis: neben S. 1 © imago images / imagebroker;
S. 21, 23 © Theodor-Fontane-Archiv; S. 99: Wikimedia Commons
Druck und Bindung: Kösel GmbH & Co. KG,
Am Buchweg 1, 87452 Altusried-Krugzell
Printed in Germany 2019
RECLAM ist eine eingetragene Marke
der Philipp Reclam jun. GmbH & Co. KG, Stuttgart
ISBN 978-3-15-020552-5

Auch als E-Book erhältlich

www.reclam.de

Für mehr Informationen zur 100-Seiten-Reihe:
www.reclam.de/100Seiten

Inhalt

»Ein weites Feld«

Das 1907 eingeweihte Theodor-Fontane-Denkmal in Neuruppin, der Geburtsstadt des Dichters, zeigt diesen in entspannter Pose: Locker zurückgelehnt sitzt er auf einer steinernen Bank und blickt in die Ferne. Der »Erkältungsgeneigte«, wie Fontane sich 1895 beschrieb, hat Hut, Spazierstock und sein »anderthalb Hand breites Cache-nez« beiseitegelegt, den Schal, den er nicht nur an kalten Tagen »wie ein Visir vorm Gesicht« trug (so berichtete er 1859 an den Freund Wilhelm Wolfsohn). Das Denkmal ist im Kontext des 19. Jahrhunderts ungewöhnlich. Bis zum Ende des 18. Jahrhunderts wurden nur Fürstlichkeiten und aristokratische Feldherren mit Standbildern geehrt, dann entstand – im Zeichen des bürgerlichen Zeitalters – die Fülle von Denkmälern nicht-adliger Philosophen, Dichter, Komponisten, Wissenschaftler usw. (Jeder Stadt ihren Schiller!)

Diese geistige, meist bürgerliche Elite darf zwar nicht ›hoch zu Ross‹ auf ihre Mitbürger hinabsehen, aber sie steht fast immer aufrecht und stolz auf ihrem Sockel. Ganz anders Fontane. Seine Haltung hat nichts Heldenhaftes, und das entspricht dem Bild, das wir traditionellerweise von ihm haben. Er gilt vielen als Gemütsmensch, dem alles Heroische und Spannungsreiche fremd war. Er stand angeblich heiter über den Misslichkeiten des Lebens. Aber dieses Bild greift zu kurz, denn in Wirklichkeit litt Fontane über Jahrzehnte unter seinen Misserfolgen, unter drückenden Sorgen, tragischen Erlebnissen, »Demüthigungen und Unterschätzungen«, wie er seiner Tochter im Mai 1889 eingestand. Die Erfolglosigkeit seiner Bücher erbitterte ihn. »Es fällt alles in den Brunnen«, klagte er seiner Frau gegenüber, »ich würde, wenn ich es könnte, [das Schreiben] morgen aufgeben.«

»Es fällt alles in den Brunnen« –

»ich würde, wenn ich es könnte, [das Schreiben] morgen aufgeben.«

Die Überschrift dieses ersten Kapitels, »(Das ist) ein weites Feld« ist das resignierende Credo des toleranten märkischen Adligen von Briest in Fontanes wohl berühmtestem Roman *Effi Briest*. Es ist zum geflügelten Wort und zum meistzitierten Satz Fontanes geworden. Aber es lässt sich leicht auch auf den Autor selbst und auf sein Œuvre beziehen: Fontane ist ein weites Feld.

Und dieses Feld ist seit der zweiten Hälfte des 20. Jahrhunderts noch erheblich weiter geworden – heute ist Fontane auf dem Gipfel seines Ansehens und seiner Popularität. Seine Zeitgenossen sahen in dem Schriftsteller noch eher einen regionalen märkischen und preußischen Autor, denn sie lasen vor allem seine *Wanderungen durch die Mark Brandenburg* und kannten insbesondere einige seiner schnell populär gewordenen Balladen. In seinem letzten Lebensjahrzehnt galt

Fontane als anspruchsvoller, aber wenig populärer Romancier. Der *ganze* Fontane ist ein Produkt der Nachwelt. »Ein weites Feld« – das lässt sich auf viele Aspekte seines Lebens und Werks beziehen:

- auf die verschiedenen beruflichen Tätigkeiten, die Fontane im Lauf seines Lebens ausübte,
- auf den Umfang seines Gesamtwerks, das aus den unterschiedlichsten Genres besteht,
- auf die variierende künstlerische Qualität seines Œuvres – dessen Bandbreite von Kitsch und Mittelmäßigem bis zu subtilster Symbolik und unübertroffen leichten Dialogen reicht.
- Ebenso weit ist über viele Jahrzehnte auch das Feld der Widersprüche und Umschwünge in Fontanes weltanschaulicher und politischer Orientierung.
- Ein weites Feld ist zudem die verwirrende Publikationsgeschichte.
- Und ein weites Feld waren auch die historischen, sozialen, ökonomischen, kulturellen und literarischen Veränderungen im 19. Jahrhundert, dessen größten Teil Fontane durchlebte: Er begleitete die Entwicklung vom Deutschen Bund zum Deutschen Reich und den Epochenwandel von der Romantik über den Realismus zum Naturalismus kommentierend oder mitwirkend.

Als Fontane 1819 geboren wurde, war Napoleon bereits gestürzt und der Wiener Kongress hatte das, was heute Deutschland ist, als Flickenteppich von fast vierzig Staaten hinterlassen; als er 1898 starb, war Deutschland mit dem bedenklich risikofreudigen Kaiser Wilhelm II. an der Spitze neben Großbritannien zum mächtigsten Staat Europas aufgestiegen. Als Fontane 1819 geboren wurde, veröffentlichte Goethe seinen

Es wurde häufig aus Briefen Fontanes zitiert (auch die meisten Kapitelüberschriften entstammen Briefen) – verschiedene Ausgaben liegen zu Grunde:

- Zuerst ist die verdienstvolle fünfbändige Briefedition, erschienen in den Jahren 1976 bis 1994 im Hanser Verlag, zu nennen.
- Daneben habe ich die zwei Bände *Theodor Fontane. Der Dichter über sein Werk* benutzt (dtv-Taschenbuch-Ausgabe von 1977).
- Die Briefe an Georg Friedlaender werden zitiert nach einer 1994 vom Insel Verlag publizierten Ausgabe,
- und die Briefe an Emilie Fontane nach einer dreibändigen Ausgabe des Ehebriefwechsels, erschienen 1998 im Aufbau Verlag.

West-östlichen Divan; als er 1898 starb, hatte er als Theaterkritiker Gerhart Hauptmanns frühe Stücke rezensiert.

Ist das ein zu weites Feld für ein Buch von nur 100 Seiten? »Ja und Nein« – um eine gern gebrauchte Formel Fontanes zu benutzten: Wenn man Fontanes riesiges Werk und die achtzig Jahre seines Lebens erschöpfend darstellen wollte – dann ja. Das wäre ein monumentales Unterfangen, denn man weiß über Fontane mehr als über fast jeden anderen Autor des 19. Jahrhunderts. Wenn man sich aber auf das Wichtigste, auf das Lesenswerte, vor allem auf die Romane konzentriert – dann nein. Genau das also ist die Absicht dieses Bandes: Ein Fontane für Leser! Und dabei sollen in ein paar »Kosthäppchen, die den Appetit anregen«, wie der Autor es 1858 so hübsch formulierte, Fontane selbst und einige seiner Zeitgenossen zu Wort kommen.

Zwischenspiel: »Ein paar Worte über mich«

Den ersten überlieferten Eindruck des jungen Fontane vermittelt uns Richard Kersting, Apothekerkollege Fontanes in Dresden. Er äußerte im September 1843 in einem Brief an seine Mutter über den 23-Jährigen:

> [Fontane] ist höchst liebenswürdig durch seine offene, stets gleichbleibende, sanfte Freundlichkeit, hat einigen Witz und einen großen Hang zur poetischen Schwärmerei.

Und an seinen Bruder schrieb Kersting im darauffolgenden Frühjahr:

> Fontane ist ein prächtiger Kerl, der mit seinem scharfen Verstand, hellen Geist und glühender Phantasie weit über mir steht, er liebt auch das Schöne und strebt nach dem Guten, aber sonst ein kurioser Kauz. Um Wissenschaft kümmert er sich gar nicht, Charakter habe ich noch nicht viel bemerkt, und daher sind seine Grundsätze schwankend, ohne inneren Halt. […] Von Natur sehr sanft und gutmütig, kommen da bisweilen sehr jugendlich aussehende Widersprüche zum Vorschein, wie überhaupt sein geis-

> tiger Habitus viel Schönes, Edles, aber auch noch manches Unreife zeigt. Eitelkeit ist seine Hauptschwäche. [...] Fontane gibt auch zu, daß er eitel ist und daß Eitelkeit nicht eben etwas Großartiges sei, aber ganz verdammt er sie doch nicht. Er meint, sie sei ein guter Sporn, der schon manch edles Produkt aus den gern ruhenden Geistern getrieben habe.

Die späteren Zeugnisse sind, wie nicht anders zu erwarten, zahlreicher. Hier eine Auswahl:

Max Müller, später Professor für vergleichende Philologie in Oxford, war zusammen mit Fontane 1842 in Leipzig Mitglied der Herwegh-Gesellschaft. Er erinnerte sich 1898 in seinen Memoiren:

> Während meiner Zeit in Leipzig [...] gehörte ich sogar einer literarischen Gesellschaft an und ich erinnere mich an [...] Theodor Fontane, [er] lebt noch und ist einer der bekanntesten und beliebtesten Romanciers seiner Zeit. Er war eine charmante Persönlichkeit, ein Mann von großen Gaben, voller geistiger Lebhaftigkeit und unerschöpflicher guter Laune. Er begann sein Leben in einer Apotheke und hatte in seiner Jugend viel durchzumachen, was ihn vielleicht daran gehindert hat, seine volle Größe und Kraft zu erreichen. Er wäre wo möglich ein zweiter Heine geworden, aber viele Jahre harter Arbeit und hoffnungsloser Plackerei ließen ihn nicht den Höhenflug gewinnen, zu dem seine jungen Flügel ihn berechtigten.

Der Schriftsteller und langjährige Freund Paul Heyse schilderte seinen Eindruck bei der ersten Begegnung mit Fontane im

›Tunnel über der Spree‹ 1844 in einem sicher etwas verklärenden Gedicht zum 70. Geburtstag des Freundes 1889:

Da ging die Tür, und in die Halle
Mit schwebendem Gang wie ein junger Gott
Trat ein Verspäteter, frei und flott,
Grüßt in die Runde mit Feuerblick,
Warf in den Nacken das Haupt zurück,
Reichte diesem und dem die Hand
Und musterte mich jungen Fant
Ein bißchen gnädig von oben herab,
Daß es einen Stich ins Herz mir gab.
Doch: Der ist ein Dichter! wußt' ich sofort.

Bernhard von Lepel, damals Fontanes engster Freund, charakterisierte ihn wiederholt in seinen Briefen an ihn. 1849 erwähnte er dessen »feuriges Auge und [...] dunkles fantastisch ungeordnetes Haar«. Und zehn Jahre später schrieb er:

> Du bist, was der Reiter einen Durchgänger nennt. Es ist auch nicht zu läugnen, daß Du von Deinem Temperament Vortheile hast, die ruhigeren Naturen abgehn. Ich meine namentlich die Sicherheit Deines Auftretens, die Ueberzeugung, von der Du tief durchdrungen bist, u. die Leidenschaftlichkeit, mit der Du sie mitzutheilen pflegst. Es spukt da etwas Französisches in Deinem Blut, [...]. Indeß hat es auch schon Nachtheile gebracht. Sowohl bei Deinen Arbeiten, namentlich wo Du den Politiker herauskehrst, als auch im Verkehr mit Anderen.

Der Architekt Richard Lucae begleitete Fontane 1863 auf einer märkischen Wanderung. Später amüsierte er sich über diesen gemeinsamen Ausflug:

> Fontane war übrigens zum Totlachen komisch. Von jedem alten Stein wollte er womöglich einen ganzen Roman ablesen (u. that es meist auch), u. ich sollte ihm von jedem Schnörkel womöglich Tag und Stunde seiner Geburt bestimmen. [...] Der Eifer, der unsern alten Nöhl [Fontanes Spitzname] für seine Arbeit beseelt, ist wirklich rührend.

Der Jurist und Romancier historischer Romane Felix Dahn erinnerte sich an Fontane als an einen

> Mann in der Vollblüte der Jahre, hoch aufgeschossen, so hoch und schlank, daß Brust und Schulter fast zu schmal geraten aussahen; ein bleiches langgezogenes Gesicht mit blitzenden, dunkelblauen Augen war umflutet von einer Fülle seidenweichen schwarzen Haares. Die ganze Gestalt so geschmeidig und so vornehm wie die eines englischen Knight of Percy Relics.

Und zu guter Letzt soll Gerhart Hauptmann zu Wort kommen, der, rund vierzig Jahre jünger als Fontane, in den 1890er Jahren bei diesem zum Dinner eingeladen war:

> Die Unterhaltung bei Tische war eine prickelnde. Der alte Herr liebte eine gewisse Pikanterie, [...]. Gewagteste Zweideutigkeiten indes – hier trat die französische Abkunft des Dichters zutage – gingen unter in dem bezaubernden Fluß seiner meist übermütigen Konversation.

»Mein ratlos widerspruchsvolles Wesen«

Als Henri Théodore Fontane am 30. Dezember 1819 in Neuruppin geboren wurde, lebte die hugenottische Familie schon seit mehreren Generationen in der Mark Brandenburg, hielt aber das Bewusstsein ihrer Herkunft aus Südfrankreich wach. Fontane nannte sich einen »Märker, aber noch mehr Gascogner« und gestand 1888 seiner Frau: »Wie stolz und glücklich bin ich, dass ›meiner Ahnen Wiege‹ in Languedoc, ja sogar in der Gascogne gestanden hat.« Noch als alter Mann sprach er von seiner »eigensten südfranzösischen Natur« und von der »Wonne, einem höhren Culturvolk [...] anzugehören«. Sein Vater, »ein großer, stattlicher Gascogner« (*Meine Kinderjahre*), wuchs noch in einer französischsprachigen Familie auf, Theodor selbst aber beherrschte die Sprache nur noch unvollkommen. Sein jüngster Sohn berichtete nach dem Tod des Vaters, man pflegte den Familiennamen »nach wie vor mit französischem Anklang, das heißt mit Nasallaut und stummem e auszusprechen – jedoch mit Betonung auf der ersten Silbe und nur ›an Sonn- und Feiertagen‹«. In *Schach von Wuthenow* hat Fontane den halb-assimilierten Hugenotten mit Tante Marguerite, »einer echten Koloniefranzösin«, ein karikierendes Denkmal gesetzt: Sie war eine alte Dame, die das damalige, sich fast ausschließlich im Dativ bewegende Berlinisch mit geprüntem Munde sprach, das ü dem i vorzog, entweder »Kürschen« aß, oder in die »Kürche« ging, und ihre Rede [...] mit französischen Einschiebseln und Anredefloskeln garnierte.

Aber das Französische in Fontane bezog sich nicht auf seine nationale Identität, sondern nur auf seine Persönlichkeit, auf seine »angeborne Artigkeit« und auf »Leichtigkeit, Grazie, Humor«, die er in der deutschen Literatur vermisste: »Das romantisch Phantastische [...] bildet meine eigenste südfranzösische Natur.« Seiner nationalen Identität nach empfand Fontane sich als Preuße. Mit Ausnahme weniger Jahre verbrachte er sein Leben in der Mark Brandenburg, ja er entwickelte sich zu einem der ›preußischsten‹ Autoren – auch wenn er dabei im Lauf seines Lebens zwischen demonstrativer Anpassung und kritischer Distanz schwankte.

Über 65 Jahre lebte Fontane in Berlin. Seine Kindheit aber verbrachte er in dem »spießbürgerlichen« Neuruppin und in dem »poetischen« Swinemünde. Sein Vater betrieb dort jeweils die Apotheke. Doch mit der Familie ging es langsam finanziell bergab, denn »die Spielpassion« des leichtsinnigen Vaters und »die Schenk- und Gebepassion« der strengeren Mutter (*Meine Kinderjahre*) untergruben die familiären Finanzen, und so landete man schließlich in der Apotheke des Oderbruch-Dorfes Letschin. Fontanes charakterlich sehr unterschiedliche Eltern trennten sich 1850. Ihr ältester Sohn Theodor – später wurden noch vier Geschwister geboren – nannte sich in einem Brief an Theodor Storm rückblickend einen »mittelmäßigen Schüler«. »Ohne Vermögen«, schrieb er spät im Leben, »ohne Familienanhang, ohne Schulung und Wissen,

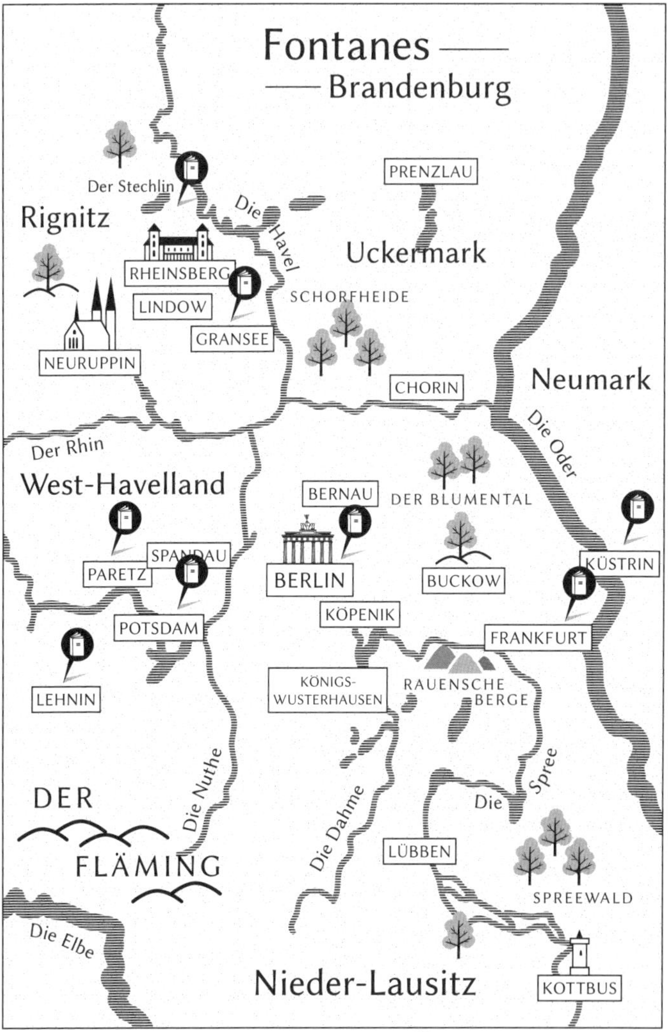

Handlungsorte in Fontanes Romanen

ohne robuste Gesundheit, bin ich ins Leben getreten, mit nichts ausgerüstet als einem poetischen Talent und einer schlecht sitzenden Hose. (Auf dem Knie immer Beutel.)« In *Meine Kinderjahre* beklagte er seinen Mangel an höherer Bildung: »alles blieb zufällig und ungeordnet, und das berühmte Wort vom ›Stückwerk‹ traf, auf Lebenszeit, buchstäblich und in besonderer Hochgradigkeit bei mir zu.« Aber im Laufe seines Lebens eignete er sich eine umfangreiche Bildung an, wie sich an den vielen Zitaten aus klassischen Autoren in seinen Werken und Briefen leicht erkennen lässt.

»Rezept- und Versemachen«

Gut die nächsten zehn Jahre verbrachte Fontane in seinem erlernten Beruf: als Apotheker. Er arbeitete in diesen Jahren in acht Apotheken an verschiedenen Orten und behauptete später stolz, er habe »nur Stellungen innegehabt, die für die besten in Deutschland galten« (*Von Zwanzig bis Dreißig*). Seine Ausbildung absolvierte er von 1836 bis 1840 in der Roseschen Apotheke in Berlin. Ihr Besitzer erschien ihm zeit seines Lebens als die Inkarnation des Bourgeois: »in einem fort quasseln sie vom ›Schönen, Guten, Wahren‹ und knixen doch nur vor dem goldenen Kalb« (*Von Zwanzig bis Dreißig*). Noch als alter Mann bestätigte Fontane seiner Tochter: »Ich hasse das Bourgeoishafte mit einer Leidenschaft, als ob ich ein eingeschworner Socialdemokrat wäre.« In dem Roman *Frau Jenny Treibel* hat er diesen Typ in der Titel-›Heldin‹ ironisch und humorvoll porträtiert.

Nach der Abschlussprüfung arbeitete Fontane drei Jahre lang als Apothekergehilfe. Die abschließende Prüfung 1847 machte ihn zum »approbierten Apotheker erster Klasse« und berechtigte ihn, »zur Verwaltung und zum Besitze einer Apotheke in den Königlichen Landen«, aber zweimal scheiterte der Kauf einer Apotheke nach seinem eigenen Eingeständnis an seiner »Vermögenslosigkeit«. Die Lebensbedingungen der Apothekenangestellten waren damals miserabel. Dem Freund Wilhelm Wolfsohn beschrieb er seine Unterbringung in Berlin:

> Ich bewohne eine Schandkneipe, einen Hundestall, eine Räuberhöhle mit noch zwei andern deutschen Jünglingen und habe keine freie Verfügung über diese Schlafstelle, die viel vor Erfindung dessen, was man Geschmack, Eleganz und Comfort heißt, vermuthlich von einem Vandalen erbaut wurde.

En passant sollen zwei Ereignisse während dieser Jahre nicht übergangen werden: Erstens absolvierte Fontane 1844/45 als Einjährig-Freiwilliger seine Wehrpflicht. Und zweitens wurde er zweimal »unglückseliger Vater eines illegitimen Sprößlings«, wie er Bernhard von Level bekannte. Genaueres darüber wissen wir leider nicht.

Während all dieser Jahre als kümmerlich bezahlter Apotheker verfolgte Fontane seine Karriere als Schriftsteller. Bis zu seinem dreißigsten Lebensjahr verfasste er eine Fülle von literarischen Texten: Hunderte von Gedichten, einen Roman, Erzählungen, ein Epos, ein Dramenfragment, ein kleines satirisches Trauerspiel, Zeitungskorrespondenzen, Theaterkritiken und eine Übersetzung von Shakespeares *Hamlet*. Bald bemühte er sich auch darum, seine Dichtungen in Zeitschriften unterzubringen. Aber der Erfolg, der es ihm erlaubt hätte, von seiner literarischen Arbeit zu leben, blieb aus. Im Dezember 1839 erschien seine erste Erzählung (»Geschwisterliebe«, sentimentaler Kitsch), im Januar 1840 sein erstes Gedicht. In der zweiten Jahreshälfte 1849 stand die Veröffentlichung seiner ersten drei selbständigen Gedichtbände bevor (*Von der schönen Rosamunde. Romanzenzyklus* und *Männer und Helden. Acht Preußenlieder*, 1850, und *Gedichte*, 1851), und so fasste Fontane Ende September den Entschluss, »den ganzen Kram an den Nagel zu hängen«, und sein »literarisches Leben auf den ›Vers‹ zu stellen« (*Von Zwanzig bis Dreißig*). Aber der Versuch scheiterte schon nach einem halben Jahr, »denn ein Apotheker, der anstatt von einer Apotheke von der Dichtkunst leben will, ist so ziemlich das Tollste, was es gibt«. Aus Geldmangel war Fontane daher gezwungen, eine subalterne Stelle im konservativen preußischen Innenministerium anzunehmen. Im Alter von dreißig Jahren erlebte Fontane nun, in den Jahren 1849/50, entscheidende Veränderungen, und zwar beruflich und privat und auch in seinen politischen Einstellungen.

»Vom rothen Republikaner zum Reactionair«

Die aufgeheizte politische Stimmung der Vierzigerjahre, die 1848 in der Revolution kulminierte, erfasste Fontane 1842 in Leipzig, wo er dem linksradikalen Herwegh-Club beitrat. Seine »ganze Lyrik« war nun »auf Freiheit gestimmt« (*Von Zwanzig bis Dreißig*). An der Berliner Märzrevolution 1848 beteiligte er sich begeistert: Er nahm »mit einem Karabiner in der Hand«, wie er Jahrzehnte später an Georg Friedlaender schrieb, an den Barrikadenkämpfen teil. Als die preußische Regierung die Revolution blutig niederschlug, veröffentlichte Fontane über dreißig radikale Korrespondenzen und beklagte, dass in Preußen »an die Stelle eines militärisch organisierten Rechtsstaates das Schreckgespenst polizeilicher Willkür« getreten sei. Aber noch im selben Jahr »verkaufte« Fontane sich nach seinem eigenen Eingeständnis an Bernhard von Lepel »der Reaction für monatlich 30 Silberlinge« und wurde gewissermaßen im Handumdrehen zum Konservativen.

Zwanzig Jahre lang exponierte sich der so genannte ›mittlere Fontane‹ nun publizistisch als so extremer Konservativer, dass von Lepel ihn vor »Reaction und Katholizismus« warnte (so Fontane in seinem Tagebuch) und sogar seine Frau, zu Besuch bei ihrer Freundin in Schlesien, ihm zu bedenken gab: »namentlich stimme ich so oft mehr mit [von Lepels] liberalen Gesinnungen als mit Deinen Conservativen, mir ist oft, als sähest Du die Dinge verschleiert an. Hier ist alles Fortschritt.«

Von 1851 bis 1860 arbeitete Fontane in verschiedenen subalternen Positionen für die konservative preußische Regierung. Trotz der gelegentlichen Versuche, diese konservativen Jahrzehnte als Konzession ans ›Brotverdienen‹ oder gar verheimlichte Fortschrittlichkeit herunterzuspielen, besteht kein Zweifel, dass Fontane als »aufrichtiger Constitutioneller« hier seine politische Heimat sah: Briefe aus diesen Jahren an verschiedene Adressaten bestätigen die Echtheit seiner konservativen Überzeugungen. Paul Heyse erklärte er, »man wird mit den Jahren ehrlich und aufrichtig konservativer«, Bernhard von Lepel, »ich darf aufrichtig sagen, daß ich Preußen und die Hohenzollern so aufrichtig und so immer wachsend liebe«, und Wilhelm Hertz, »auch ist das ächte, ideale Kreuzzeitungsthum eine Sache, die bei Freund und Feind respektirt werden muß, denn sie ist gleichbedeutend mit allem Guten, Hohen und Wahren«. Seine früheren Überzeugungen verunglimpfte er 1854 als »Schwindel«, und die Liberalen 1861 als »den reinen Treibsand, der durch die Strömung, wie sie gerade geht, mal hierhin mal dorthin geworfen wird«. Die progressive politische Lyrik der Vierzigerjahre, zu der er doch selbst beigetragen hatte, erschien ihm spät im Leben als »Freiheitsphrasendichtung« (*Von Zwanzig bis Dreißig*).

Es passt nicht zu dieser gegensätzlichen parteilichen Zugehörigkeit innerhalb weniger Jahre, dass Fontane als gut Sechzigjähriger erklärte: »Ich bin absolut einsam durchs Leben gegangen, ohne Klüngel, Partei, Clique, Coterie, Club, Weinkneipe, Kegelbahn, Skat und Freimaurerschaft, ohne rechts und ohne links, ohne Sitzungen und Vereine.« In Wirklichkeit war er ein ausgesprochener ›Vereinsmeier‹. Nicht nur politisch, sondern auch literarisch suchte er über Jahrzehnte Halt und Freundschaft in Vereinigungen. Seine späte Selbstcharakterisierung als »ein Singleton, ein Einsiedler von Jugend auf« ist eine der nicht wenigen Mystifikationen und Stilisierungen des Alters. Fontane trat seinem ersten Verein 1840 bei und war dann im Laufe seines Lebens Mitglied in sechs literarischen Vereinen. Sie prägten seine literarische Entwicklung und machten einen erheblichen Teil seines freundschaftlichen Umgangs aus. In zwei von ihnen blieb er Jahrzehnte lang aktiv. Besonders der Berliner ›Tunnel über der Spree‹ war für ihn ab 1843 literarisch und psychologisch wichtig: »Dort machte man einen kleinen Gott aus mir«, wie er sich 1893 erinnerte. Im ›Tunnel‹ trug Fontane bis 1865 über hundert Gedichte vor und wurde vor allem für seine Balladen gefeiert.

»Kreuzzeitungsthum«

»Ich habe jetzt den Poeten aus- und den Zeitungsmenschen angezogen«, so charakterisierte Fontane seine literarische Neuorientierung an seine Frau, und tatsächlich veröffentlichte er nach 1851, mit Ausnahme des Bandes *Balladen* (1861), 25 Jahre lang kein im engeren Sinn literarisches Werk. Dagegen erschienen Sachbücher und eine Unzahl von Korrespondenzen, Zeitungs- und Zeitschriftenartikeln und Rezensionen, viele davon anonym. Einen erheblichen Teil davon fasste Fontane in England ab, denn er hatte – anglophil wie er war – das Glück, 1852 halboffiziell und dann 1855 bis 1859 offiziell für die preußische Regierung in London zu arbeiten. Einen Teil der Zeit verbrachte seine Familie mit ihm dort.

Im bürgerlichen Sinn war Fontanes Karriere nicht erfolgreich; sie förderte weder sein Ansehen noch sein Einkommen, denn er wurde immer nur in untergeordneten Funktionen beschäftigt und auch in diesen gelegentlich von seinen Vorgesetzten kritisiert. Der Leiter der preußischen ›Zentralstelle für Preßangelegenheiten‹, Immanuel Hegel, fällte Ende November 1858 ein vernichtendes Urteil über den damals Vierzigjährigen:

> Es scheint, daß Ihnen [...] die praktische Anlage, gleichsam die Industrie – im anständigsten Sinn – fehlt. Sie sind zu kontemplativ und zu kritisch. Sie betrachten die Personen und Zustände, wissen sie aber nicht zu behandeln und für sich nützlich zu machen.

Kein Wunder, dass Fontane einen Monat später seine Stellung bei der preußischen Regierung aufgab. Er wechselte 1860 zur erzkonservativen *Kreuzzeitung*. In welches politische Fahrwasser er sich damit begab, wird in der Schilderung seiner Vorstellung beim Chefredakteur der Zeitung in *Von Zwanzig bis Dreißig* deutlich:

> Er war aus seinem Nachmittagsschlafe kaum heraus und rang sichtlich nach einer der Situation entsprechenden Haltung. Ich hatte jedoch verhältnismäßig wenig Auge dafür, weil ich [...] nur sein unmittelbares Milieu sah, das links neben ihm aus einem mittelgroßen Sofakissen, rechts über ihm aus einem schwarz eingerahmten Bilde bestand. In das Sofakissen war das eiserne Kreuz eingestickt, während aus dem schwarzen Bilderrahmen ein mit der Dornenkrone geschmückter Christus auf mich niederblickte.

Seine Beziehung zu England blieb bestehen, denn er übernahm bei der Zeitung die Position des englischen Redakteurs, als der er aus verschiedenen Quellen Informationen über Großbritannien zu den anonymen ›unechten Korrespondenzen‹ zusammenstellen musste. Die Texte erweckten oft den Eindruck, als habe Fontane die Fakten selbst vor Ort recherchiert. Seine tatsächlichen angelsächsischen Erfahrungen und Erlebnisse verarbeitete er dann in drei Reisebüchern: *Ein Sommer in London* (1854), *Jenseits des Tweed. Bilder und Briefe aus Schottland* (1860) und *Aus England. Studien und Briefe über Londoner Theater, Kunst und Presse* (1860).

Die Jahre in England und die schottische Reise 1858 wirkten sich entscheidend auf Fontanes literarische Karriere aus, denn hier entstand der Plan für die *Wanderungen durch die Mark Brandenburg*, die Fontane bis Ende seines Lebens beschäftigten: ein Projekt des konservativ-preußischen Fontane. Diesem märkischen Unternehmen sollte bald ein zweites, noch ›preußischeres‹ folgen: Zwischen 1864 und 1876 veröffentlichte Fontane drei voluminöse Bücher über die Kriege Preußens gegen Dänemark (1864), Österreich (1866) und Frankreich (1870/71), die durch Otto von Bismarcks politisches Geschick zur Einigung des Deutschen Reiches unter preußischer Dominanz führten.

Das erste Projekt erforderte viele Ausflüge in die nähere und weitere Umgebung Berlins, das zweite führte Fontane nach Dänemark, Österreich und Frankreich. Da seine Anstellung bei der *Kreuzzeitung* nur »täglich 3 Stunden von 9 1/2 bis 12 1/2« beanspruchte, meinte er 1894 verklärend: »Meine schönsten Urlaubszeiten habe ich bei der Kreuz-Zeitung gehabt«. Auch über seine Abenteuer im ›Feindesland‹ Frankreich – er wurde Anfang Oktober 1870 als angeblicher Spion verhaftet und am 22. November nach Bismarcks Eingreifen freigelassen – veröffentlichte Fontane zwei Bücher: *Kriegsgefangen. Erlebtes 1870* und *Aus den Tagen der Occupation* (zwei Bände, 1871). Um Italien kennenzulernen – ein seit den Vierzigerjahren gehegter Wunsch –, reiste er 1874 und 1875 endlich auch dorthin; das Tagebuch, das er dort führte, mutet allerdings an vielen Stellen naiv an.

Seine manchmal langen Abwesenheiten, die berufliche Notwendigkeit mit dem freien Leben einer »Junggesellenschaft« verbanden, belasteten allerdings Fontanes Ehe stark. Einen ausgeprägten Familiensinn kann man Fontane nicht nachsagen. Während er auf diese Weise ein arbeitsreiches, anstrengendes, finanziell eingeschränktes, aber doch erlebnisreiches Reiseleben führte, musste seine frustrierte Frau zu Hause manchmal bei Freunden unterkriechen und sich kümmerlich durchschlagen. Sogar bei der Geburt zweier Kinder und an mehreren Weihnachten war Fontane abwesend.

Da Fontane ab 1850 – mit einer kurzen Unterbrechung – ein regelmäßiges, wenn auch kleines Einkommen hatte, heiratete er im Oktober desselben Jahres Emilie Rouanet-Kummer (1824–1902), mit der er seit 1845 verlobt gewesen war. Auch Emilie entstammte einer Hugenottenfamilie, war aber unehelich geboren. Ihre leibliche Mutter sah sich außerstand, ihr Kind aufzuziehen, und so wurde es im Alter von drei Jahren von dem Berliner Kommerzienrat K. W. Kummer und dessen Frau adoptiert, die allerdings bald starb. Fontane kannte Emilie flüchtig schon aus seiner Berliner Schulzeit; im Alter schrieb er, in *Von Zwanzig bis Dreißig*: »Ich habe viele hübsche Hochzeiten mitgemacht, aber keine hübschere als meine eigne.«

Der Briefwechsel des Ehepaars zwischen 1844 und 1898 ist weitgehend erhalten und erlaubt einen geradezu ›voyeuristischen‹ Einblick in die Ehe. Er lässt an ihrer tiefen lebenslangen Zuneigung und der Dauerhaftigkeit der Ehe keinen Zweifel, aber im Alltag war ihr gemeinsames Leben über Jahrzehnte durch Fontanes künstlerische, sensible, nervenschwache, krankheitsanfällige »Junggesellennatur« – so 1855 in einem Brief an Ludwig Metzel – und Emilies Bedürfnis nach bürgerlicher und finanzieller Sicherheit starken Belastungen, gegenseitigen Kränkungen und Vorwürfen ausgesetzt. 1870 sprach er in einem Brief an Emilie sogar von seiner »20 jährigen, unerträglichen Ehe«. Erst im Alter verlief das Eheleben harmonisch, konnte das Ehepaar bequeme gemeinsame Urlaube unternehmen. Nun fand Fontane liebenswürdige, anerkennende Worte für seine Frau:

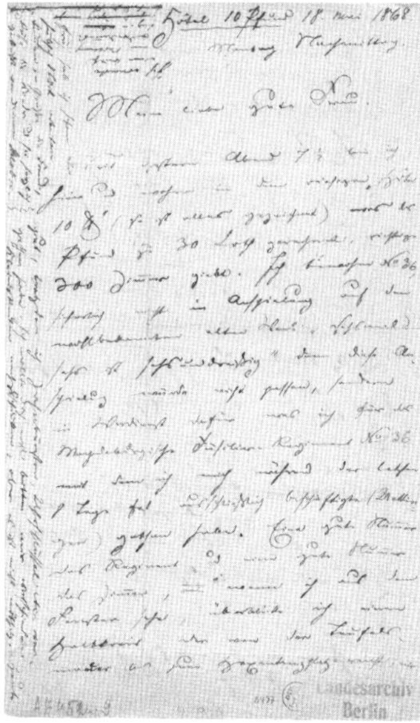

Brief Fontanes von einer seiner Reisen durch Brandenburg am 18. Mai 1868 an seine Frau Emilie

ein anständiges sich Helfen, mit guter Rollenverteilung, bedeutet viel in der Ehe, und »mine Fru« hat diese große Sache geleistet. Um nur zwei Dinge zu nennen: sie hat mir alle Bücher und alle Zeitungen vorgelesen und hat mir alle meine von Korrekturen und Einschiebseln starrenden Manuskripte abgeschrieben, also, meine dicken Kriegsbücher mit eingerechnet, gute vierzig Bände. Sie war vor allem auch eine Haushälterin von jener nicht genug zu preisenden Art, die Sparsamkeit mit Ordnungssinn und Helfefreudigkeit verbindet. […] Ich muss […] noch weiteres an meiner Ehehälfte loben, und zwar ihr Temperament, ihren ausgesprochenen ästhetischen Sinn, ihre Naivität und nicht zum wenigsten ihre Unlogik. (*Von Zwanzig bis Dreißig*)

Von den sieben Kindern, die Emilie zwischen 1851 und 1863 gebar, erreichten drei Söhne und eine Tochter das Erwachsenenalter. Fontane musste seine wachsende Familie mit einem geringen Einkommen durchbringen. Manchmal war es schwierig, »auch nur das bescheidenste Brot zu finden«, vertraute er Wilhelm Wolfsohn im Januar 1852 an. Noch als Fünfzigjähriger bedauerte Fontane seiner Frau gegenüber »die ganze Bettelhaftigkeit unserer Zustände«. Zeitweilig versuchte er sein Einkommen mit Vorträgen und Privatunterricht und kurzfristig sogar mit einer Schülerpension aufzubessern, und wiederholt schrieb er ›Bettelbriefe‹ an den preußischen König. Die »bedrohliche Finanzlage des Hauses« verurteilte die stimmungsabhängige Emilie zu einem entbehrungsreichen, erschöpfenden Leben. Fontane war sich bewusst, dass seine Frau »den Schmerz nicht verwinden kann, arm zu sein«. Sie litt unter der niedrigen gesellschaftlichen Stellung ihres Mannes, der umgeben war von erfolgreichen, besser gestellten Freunden mit adligen, akademischen, militärischen Titeln oder Beamtenstatus.

Zweimal wurde Emilies Seelenruhe noch in den Siebzigerjahren auf eine harte Probe gestellt:

(1) 1870 kündigte Fontane, verärgert über die mangelnde Altersversorgung, seine Stellung bei der *Kreuzzeitung*. Ohnehin hatte er begonnen, sich von deren reaktionärem politischen Kurs zu distanzieren. Er wechselte als Theaterkritiker zur liberaleren *Vossischen Zeitung*. Diese Position war nun »das Einzige halbwegs Sichere«, so schrieb er später, »was ich habe«. Er erwarb sich dabei den Spitznamen ›Theaterfremdling‹ (T. F.), füllte seine Rolle aber zwanzig Jahre lang aus – und der Respekt, der ihm entgegengebracht wurde, wuchs in dieser Zeit beträchtlich.

Emilie Fontane, nach 1865

(2) 1876 übernahm Fontane zum letzten Mal eine feste Anstellung: als erster Sekretär der preußischen Akademie der Künste. Doch enttäuscht von dem mangelnden Respekt, den man ihm dort entgegenbrachte, gab er die Position zu Emilies Entsetzen nach einem halben Jahr entnervt wieder auf.

»Theodorus victor«

»Fontane als Sieger!« Befreit von allen beruflichen Verpflichtungen konnte Fontane sich nun seiner künstlerischen Arbeit widmen, und so begannen seine außerordentlich fruchtbaren letzten beiden Lebensjahrzehnte. Fontane veröffentlichte in dieser Zeit sechzehn Novellen und Romane, schrieb die entspannte Alterslyrik, den Ergänzungsband zu den *Wanderungen, Fünf Schlösser* (1889), und zwei autobiographische Werke. Endlich brachte er es nun auch zu »hohen Honoraren«, die es ihm erlaubten, mit seiner Frau in Modebäder wie Kissingen und Karlsbad zu reisen – »wenn man alt geworden ist [...], sind solche großen Bäder mit ihren Zerstreuungen eigentlich das Beste«, schrieb er 1890 an Georg Friedlaender, mit dem er mehrere Urlaube verbrachte. Im Sommer entflohen sie dem Gestank und Staub Berlins in die Natur. Jetzt erschienen auch die ersten Übersetzungen seiner Bücher: 1892 in Frankreich *Kriegsgefangen. Erlebtes 1870* und 1894 in Dänemark *Unwiederbringlich.*

Fontanes späte Briefe bezeugen, ihm wurde unter Kaiser Wilhelm II. der »Borussismus« zur »niedrigsten Kulturform, die je da war«. Er fand sich »verdemokratisirt«, sprach von seinem »wachsenden demokratischen Weltbürgertum« und fällte souveräne, glänzend formulierte, kritische Urteile über seine Zeitgenossen und die politischen und kulturellen Zustände:

> Alles, was jetzt bei uns obenauf ist, [...] ist mir grenzenlos zuwider: dieser beschränkte, selbstsüchtige, rappschige Adel, diese verlogene oder bornierte Kirchlichkeit, dieser ewige Reserve-Offizier, dieser greuliche Byzantinismus. Ein bestimmtes Maß an Genugtuung verschafft einem nur Bismarck und die Sozialdemokratie, die beide auch nichts taugen, aber wenigstens nicht kriechen. (An Georg Friedlaender, am 2. November 1896)

»Bayreuth: strapaziös und sehr theuer« – Kosthäppchen 1

Zu den Perlen in Fontanes Briefen gehören seine Einträge über Richard Wagner. Im Juli 1881 las er das Libretto von *Der Ring des Nibelungen* mit sehr gemischten Gefühlen:

> Im Detail ist vieles kindisch, geschmacklos, prätentiös, aufs Ganze hin angesehn scheint es aber doch eine groß angelegte Sache, gedankenhaft, und für musikalische Behandlung eminent geeignet. Es ist etwas mystisch, tiefsinnig Märchenhaftes in diesem Stoff, und die Behandlung hat ihm diesen Charakter gelassen. Der oft gemachte Vorwurf, ›es seien keine Menschen‹, hat keine rechte Bedeutung; es sind menschliche Leidenschaften und Charakterzüge, die uns vorgeführt werden: Angst, Muth, Schlauheit, Intrigue, vor allem (Wagners persönliche Hauptleistungen) Goldgier und Liebesgier. Er ist ganz Wotan, der Geld und Macht haben, aber auf ›Lübe‹ nicht verzichten will und zu diesem Zwecke beständig mogelt. Auch hier lebt der Dichter in seinen Gestalten, und man muß danach sagen: er schließt schlecht ab. (An seine Frau, am 28. Juni 1881)

1889 erlitt Fontane, fast siebzigjährig, beim Besuch der Bayreuther Festspiele beinahe einen Nervenzusammenbruch:

> Von Kissingen aus war ich auch auf 3 Tage in Bayreuth, um *Parsifal* und *Tristan und Isolde* zu hören. Sonnabend Nachmittag kam ich an und fiel aus einem Hotel und Kaffeehaus ins andre, was sehr interessant war. So international, daß die Promenade von Kissingen bloß wie Zoologischer Gar-

ten daneben wirkte. Sonntag *Parsifal*, Anfang 4 Uhr. Zwischen 3 und 4 natürlich Wolkenbruch; für 2 Mark, trotzdem ich ganz nahe wohnte, hinausgefahren. Mit aufgekrempelten Hosen hinein, alles naß, klamm, kalt; Geruch von aufgehängter Wäsche. 1500 Menschen drin, jeder Platz besetzt. Mir wird so sonderbar. Alle Türen geschlossen. In diesem Augenblicke wird es stockduster, nur noch durch die Gardine fällt ein schwacher Lichtschimmer, genau wie in *Macbeth*, wenn König Duncan ermordet wird. Und nun geht ein Tubablasen los, als wären es die Posaunen des Letzten Gerichts. Mir wird immer sonderbarer, und als die Ouvertüre zu Ende geht, fühle ich deutlich ›noch 3 Minuten und Du fällst ohnmächtig oder todt vom Sitz‹. Also wieder 'raus. Ich war der Letzte gewesen, der sich an 40 Personen vorbei bis auf seinen Platz [...] durchgedrängt hatte, und das war jetzt kaum 10 Minuten. Und nun wieder ebenso zurück. Ich war halb ohnmächtig, aber ich that so, als ob ich's *ganz* wäre, denn die Sache genirte mich aufs äußerste. Gott sei Dank, wurde mir auf mein Pochen die Thür geöffnet, und als ich draußen war, erfüllte mich Preis und Dank. Nur das Dankgefühl des Thürhüters konnte mit dem meinigen vielleicht rivalisiren, denn er kriegte nun mein Billet, das er sofort für 15 Mark oder auch noch teurer (denn es wurden ganz unsinnige Preise bezahlt) an Draußenwartende verkaufen konnte. Mein *Tristan*-Billet schickte ich am andern Morgen zurück und vermachte den Betrag einer ›frommen Stiftung‹.
(An Karl Zöllner, am 19. August 1889)

»Meine Schreibereien«

Auch wenn man die berühmten Romane – vorläufig – beiseitelässt, sieht man sich einer Fülle von ganz unterschiedlichen Werken und Dokumenten Fontanes gegenüber: Sein erstes Gedicht schrieb er mit fünfzehn, und ab seinem 20. Lebensjahr publizierte er nahezu ununterbrochen bis zu seinem Tod. So entstand im Lauf seines langen Lebens ein schier unüberschaubares Œuvre:

- Lyrik,
- Reise- und Heimatliteratur,
- umfangreiche Kriegsdarstellungen,
- Theaterkritiken,
- politische, kulturelle, kunstgeschichtliche, ästhetische und literarische Journalistik,
- autobiographische und biographische Schriften,
- ein umfangreiches Romanwerk,
- ein Korpus von Tausenden von zum Teil noch unveröffentlichten Briefen an eine Vielzahl von Adressaten, wobei in vielen Fällen auch die Briefe der Korrespondenzpartner und -partnerinnen erhalten sind,
- ganze Bände von Fragmenten und Entwürfen und
- ein Tagebuch, das von 1850 bis zu seinem Tod 1898 reicht.

Durch seine Briefe und Tagebücher wissen wir über Fontane mehr als über nahezu alle anderen Autoren des 19. Jahrhunderts. Diese unersetzlichen persönlichen Dokumente bilden einen Schlüssel zu seinem Leben und Œuvre. Zu unserem Glück war Fontane zeit seines Lebens ein gewissenhafter, plauderfreudiger, überaus höflicher, dankbarer, manchmal devoter Briefschreiber. Erstaunlicherweise ist ein erheblicher Teil dieses Brieffundus, einschließlich vollständiger Korrespondenzen, erhalten, darunter ein großer Teil des Briefwechsels mit seiner Frau. Das 1988 erschienene *Verzeichnis und Register* von Fontanes Briefen listet 5832 Briefe, und seitdem sind weitere hinzugekommen. Da vor allem durch den Zweiten Weltkrieg viele Originale verloren gegangen sind, war die tatsächliche Anzahl der Briefe, die Fontane im Lauf seines Lebens geschrieben hat, noch erheblich größer. Man hat sie auf 11 000 geschätzt.

Der früheste bekannte Brief stammt von dem vierzehnjährigen Theodor, der späteste vom Todestag des fast achtzigjährigen Dichters, dem 20. September 1898. Der Anfang dieses Briefes sollte seiner Frau mitteilen, dass er nun vor ihrer Rückkehr aus dem Urlaub nicht mehr schreiben werde, im Rückblick allerdings bekommt er tragisches Gewicht: »Dies sind also nun die letzten Zeilen.«

Immer wieder begegnen in den Briefen auch reizvolle Vignetten wie die folgenden beiden über Begegnungen mit Vögeln:

> Ein großer Nachtfalter hatte gestern Abend Schutz in meiner Stube gesucht, und ich hielt es für Pflicht, ihm diesen Schutz zu gewähren. Heute früh saß er noch an derselben Teppichstelle, zwei Schritte von der geöffneten Balkonthür.

Durch Fontanes Briefe

... lernt man – über viele Jahre von Tag zu Tag – den Menschen in seiner ganzen emotionalen Spannbreite vom Glückszustand bis zur tiefen Depression kennen.

... nimmt man am Leben des Schriftstellers, Ehemanns, Vaters, Reisenden, Berufstätigen, Freundes, Kollegen, Kritikers, Charmeurs, Untertanen und Bittstellers teil.

... erfährt man seine Ansichten über Religion, Politik, Kultur, Erziehung, Freundschaft, Heimat, Literatur usw.

... erhält man wichtige Informationen über seine ästhetischen Prinzipien, die Entstehung und Absicht seiner Werke und über die tatsächlichen Ereignisse, die den meisten seiner Romane zu Grunde liegen.

Ich nahm mein Frühstück und beschloß dem etwas unheimlichen Thier auch Tagesquartier zu bewilligen; ich erschien mir wie ausersehn, ihn zu retten. Mit einem Male kam auch ein Sperling ins Zimmer, frech wie immer, und ich machte schon Miene ihn durch ein Stückchen Semmel abzulohnen, als er, seine Marschlinie rasch ändernd, auf meinen Schützling zuhüpfte, ihn aufpiekte und davon flog. Es ist mit den Rettungsversuchen oft so. (An seine Tochter, am 9. August 1891)

Vor anderthalb Stunden bin ich wohlbehalten hier eingetroffen, von Hirschberg aus bei beständigem Regen und Sonnenschein, was zur Folge hatte, daß lange Zeit ein Regenbogen über Krummhübel stand. Außerdem setzte sich gleich ein entzückender kleiner Vogel, weiß und schwarz

> (aber viel graziöser als die Preußen sind) aufs Fensterbrett und begrüßte mich, was mich alles beglückt hat, – ich kann den Friedensbogen und eine poetische Vogelstimme gleich gut brauchen, jenen zum Abschluss, diesen zum Anfang. (An seine Frau, am 1. Juni 1885)

In einem Brief aus Norderney leistet Fontane sogar einen kleinen Beitrag zur Geschichte des Fußballsports in Deutschland:

> Ich flanierte gehoben und gedrückt, in Glück und Langerweile, erst am Strand und dann in den Dünen, als ich auf einer großen, von einem Erdwall eingefaßten Wiese zwanzig junge Leute sah, die foot-ball spielten. Ich kannte das Spiel noch nicht und blieb auf dem Erdwall stehn um zuzusehn. (An seine Frau, am 4. August 1883)

Fontane besaß die seltene Fähigkeit, in seinen Briefen sprachlich geschliffen und zwanglos Profundes zu sagen. Durchaus zu Recht gilt er als bedeutendster deutscher Briefschreiber der zweiten Hälfte des 19. Jahrhunderts (man lese etwa ›Kosthäppchen 1‹, S. 25). Die geistreichen, thematisch vielseitigen und kritischen Briefe an Georg Friedlaender, die schon Thomas Mann begeistert haben, zwischen 1884 und 1898 geschrieben, sind noch heute ein Lektüregenuss. Der schlesische Jurist und seine Familie verehrten Fontane, der in seinen letzten beiden Jahrzehnten ihr enger Freund wurde.

Fontanes briefliche Äußerungen werden ergänzt durch die manchmal detaillierten, manchmal summarischen Tagebucheinträge aus den letzten fast fünfzig Jahren seines Lebens. Sie wurden 1994 zum ersten Mal vollständig veröffentlicht und helfen bei der Datierung seiner Werke und vieler Ereignisse seines Lebens.

Fontanes umfangreicher Corpus von Gedichten (Stimmungs- und Landschaftslyrik, Balladen, humoristische Verse, Erzähl-, Geschichts-, Widmungs- und Gelegenheitsgedichte) umspannt fast sein ganzes Leben. »In meinem fünfzehnten Jahre schrieb ich mein erstes Gedicht«, offenbarte Fontane 1854 Theodor Storm. Die fünfte Auflage seiner *Gedichte* erschien, erheblich erweitert, in seinem letzten Lebensjahr. Aber was man heute am Lyriker Fontane schätzt, entsprach nicht den Vorlieben seiner Zeitgenossen. Fontanes zu Lebzeiten erfolgreichste Gedichte waren seine Balladen über Helden, Heldentaten und historische Ereignisse aus der preußischen, englischen, schottischen und skandinavischen Geschichte und über spektakuläre Unglücksfälle (zum Beispiel »Die Brücke am Tay«). Die Reaktion auf das Rezitieren von Hansen-Grells Ballade »Seydlitz« (um 1877) im Dichterverein ›Kastalia‹ in *Vor dem Sturm* reflektiert zweifellos seinen eigenen Erfolg mit dieser Ballade im ›Tunnel über der Spree‹: »Ein Jubel, wie ihn die Kastalia seit lange nicht gehört hatte, brach von allen Seiten los«. Die schwungvollen, formgerechten Balladen haben heute sicher ihre stoffliche Aktualität verloren. Die späte Ballade »Herr von Ribbeck auf Ribbeck im Havelland«, die eine diskrete dörfliche ›Heldentat‹ besingt, ist sicher die beliebteste geblieben.

Der Autor begann stofflich und formal als konventioneller Spätromantiker mit Strophengedichten und abgestandenen Reimen à la »Herz/Schmerz«, »rein/fein«, »eilen/weilen«. Sie besingen heiter oder melancholisch Jahreszeitliches, Liebe, Vergänglichkeit usw. Bleibendes ist Fontane dabei kaum gelungen. Ihre Aktualität haben auch seine politischen Gedichte aus den Vierzigerjahren verloren, in denen Fontane entsprechend dem Trend der Zeit, den Wunsch des Volkes nach mehr Demokratie und größerer Freiheit ausdrückte – politische Überzeugungen, die er später widerrief.

Am meisten Anklang finden heute die Altersgedichte mit ihrem »Bummelton«, wie Fontane selbst es nannte. Mit ihnen fesselt und erheitert er die Leser mit seiner einmaligen Begabung für »das Witzige, das Schelmische, das Graziöse, die formvollendete, heiter-espritvolle Spielerei«. Dieses Talent zeigte sich gelegentlich schon in früheren Gedichten, entfaltete sich aber erst in den späteren Jahren. Alltägliche persönliche Beobachtungen, Erfahrungen, Einsichten – gelegentlich im Wilhelm-Busch-Ton – reflektieren ernsthaft, resigniert, heiter oder humoristisch Freud und Leid der Phasen des menschlichen Daseins. Sie haben auch fast hundertfünfzig Jahre nach ihrem Entstehen nichts von ihrem Charme verloren.

»Korrespondenzartikelfabrikant«

Fontanes Journalistik ist ein riesiges ›Smörgåsbord‹, bei dem sich alle entsprechend ihren Interessen und politischen Überzeugungen bedienen können. Aber der Appetit ist, außer bei Experten, wohl nicht groß. Da der Autor lange Jahre schlecht verdiente, war er auf journalistische Routinearbeit in einer Fülle von Sachbereichen angewiesen, von der vieles sogar anonym erschien. Zum Verständnis seiner eigenen Werke und seiner Gedankenwelt sind sie für die Forschung und die Fontane-Fans allerdings unverzichtbar. Er schrieb

- 1842–1850: progressive politische Zeitungsartikel,
- 1853–1896: literarische, kultur- und kunstgeschichtliche Rezensionen,

- 1856–1878: Kunstausstellungsberichte aus Berlin, London und Manchester,
- 1860–1870: konservative ›unechte‹ englische Korrespondenzen für die *Kreuzzeitung* unter Siglen (›unecht‹ = Fontane schrieb in der Berliner Redaktion, gab aber vor, aus England zu berichten),
- 1862–1898: biographische Porträts,
- 1850–1894: Korrespondenzen aus England, Schottland, Dänemark, Frankreich, der Schweiz und der Mark Brandenburg, die er zum größeren Teil in Reisebüchern sammelte,
- 1870–1893: Theaterkritiken für die *Vossische Zeitung*, meist über die Aufführungen des Königlichen Schauspiels Berlin.

»Meine märkischen Arbeiten«

Brieflichen Zeugnissen kann man die Entstehung von Fontanes Projekt der *Wanderungen durch die Mark Brandenburg* entnehmen. Als er 1858 in Schottland bei der Besichtigung des »Douglasschloßes im Kinroß-See […] an Rheinsberg und den Rheinsberger See dachte«, schrieb er, »stand es in meiner Seele fest, die Mark Brandenburg und ihre Schlösser und Seen beschreiben zu wollen«. Aus diesem Impuls entstanden die vier Bände der *Wanderungen* und der abschließende Band *Fünf Schlösser*: »Ich bereise jetzt unsre märkisch-brandenburgische Heimath und durchstöbre […] die alten Schlösser […], dazu die kleinen märkischen Städte mit ihren Männern und ihren Erinnerungen«. Fontane hoffte, dadurch die märkische »Lokalität«, deren Reize weitgehend unentdeckt waren, »wie die Prinzessin im Mährchen zu erlösen«.

Dies war das erste der beiden großen literarischen Unternehmen Fontanes, »vaterländisches Leben künstlerisch zu gestalten«. Die Bände wurden zu seinen Lebzeiten seine erfolgreichsten Bücher. Nicht zuletzt wegen der menschlichen Haltung des Verfassers gehören sie zu den wenigen noch heute gelesenen Reisebüchern des 19. Jahrhunderts. Die Mark Brandenburg mit den *Wanderungen* in der Hand zu durchwandern oder zu durchfahren, gilt bei Norddeutschland-Touristen heute als beliebtes Abenteuer. So hat Fontane das ›märkische Aschenputtel‹ tatsächlich in eine Prinzessin verwandelt.

Nur muss man sich dabei bewusst sein, dass die Reduktion der *Wanderungen* zum bloßen Reiseführer Fontanes Absicht nicht gerecht wird. Ihm ging es nicht nur um das Gesicht der Landschaft. Er suchte die Tiefenschichtung des Sichtbaren, die historischen Sternstunden, den geschichtlichen Wandel, das hierarchisch strukturierte Leben der heimatlichen Bevölkerung, Biographien und historische Episoden, Fakten und Impressionen, Siedlungs-, Wirtschafts- und Familiengeschichte. In einem Brief an den Verleger der *Wanderungen* Wilhelm Hertz hat er seine Absicht klar formuliert: »Ich hatte einfach vor, ohne jegliche Prätension von Forschung, Gelehrsamkeit, historischem Apparat etc. meinen Landsleuten zu zeigen, dass es [...] in der Mark Brandenburg auch historische Städte, alte Schlösser, schöne Seen, landschaftliche Eigenthümlichkeiten und Schritt für Schritt tüchtige Kerle gäbe.« So erforschte und erwanderte er in den nächsten Jahrzehnten die Umgebung Berlins und die Mark Brandenburg, und zwar den Nordwesten (*Die Grafschaft Ruppin*, 1862), den Osten (*Das Oderland*, 1863), den Südwesten (*Havelland*, 1873) und den Südosten (*Spreeland*, 1882).

In einer werbenden Bestandsaufnahme präsentierte Fontane in einer »Verquickung von Geographischem und Historischem« Landschaft und Menschen, Mythen und Sagen, Geschichte und Gegenwart, Städte und Dörfer, Schlösser und Herrensitze, Kirchen und Klöster. »Es soll eine Erholung sein und ist eigentlich eine riesige Arbeit. Schlösser, Kirchen, Kirchhöfe, Inschriften, Grabschriften, Bilder, Statuen, Parks, Grafen, Kutscher, Haushälterinnen, Vater, poetische Drechslermeister – alles das und hundert andres dazu«, schrieb er 1862 an seine Frau. Dieses bunte Ganze sollte unter Einschluss von allerlei dokumentarischem Material »unter Beibehaltung leichter, feuilletonistischer Form« dargeboten werden.

Da Fontane die *Wanderungen* in seiner konservativsten Phase begann, sind die ersten beiden Bände mit ihren Kapiteln über Rheinsberg (Friedrich der Große und sein Bruder Prinz Heinrich) und Küstrin (die Hinrichtung von Friedrichs Freund und Fluchtgenossen Hans Hermann von Katte), also mit Episoden aus der »Geschichte der beiden größten Hohenzollern und ihrer Paladine« die ›vaterländischsten‹ und historischsten. Mit Fontanes Gesinnungswandel tritt in den späteren Bänden das Konservative und Geschichtliche zugunsten des Plaudertons eines Touristen zurück. In dem späten Band *Fünf Schlösser* (1889) kehrte Fontane allerdings, wie er es im Vorwort nennt, zu »historischen Spezialarbeiten« zurück und stellte die Geschichte von fünf Herrensitzen dar, von denen vier noch erhalten sind.

Fontane schrieb die *Wanderungen* nach eigener Aussage »aus reiner Liebe zur Scholle, aus dem Gefühl, und dem Bewußtsein [...], daß in dieser Liebe unsere allerbesten Kräfte wurzeln, Keime eines ächten Conservatismus«. Das Problematische dieser Sicht hat aus kritischer moderner Perspektive Hubertus Fischer in seinen *Gegen-Wanderungen. Streifzüge durch die Landschaft Fontanes* (1986) bewusst gemacht: Es ist ihre Absicht, »ein wenig plebejische Konterbande in die konservative Idylle zu schmuggeln«. »Fontane schrieb die ›Wanderungen‹ – wenigstens die ersten Bücher – mit einer erklärtermaßen politischen Wirkungsabsicht, und zwar gegen den liberalen Zeitgeist, gegen Fortschritt und Freisinn.« »Die Scholle ist für Fontane der Ort sedimentierter Geschichte, umweht vom Duft der Erinnerungen, Chiffre für gewünschte Dauer, erhoffte Stabilität, ersehnte Stille und in allem historisch-ästhetischer Fluchtpunkt in der sich zur breitesten Prosa entfaltenden bürgerlichen Gesellschaft.«

Ein zentrales Element von Fontanes Konservatismus ist seine ›romantische‹ Verehrung des märkischen Adels: »Zehn Generationen von 500 Schultze's und Lehmann's sind noch lange nicht so interessant wie 3 Generationen eines einzigen Marwitz-Zweiges. Wer den Adel abschaffen wollte, schaffte den letzten Rest von Poesie aus der Welt«, behauptete Fontane 1860 seiner Mutter gegenüber. Noch im Schlusswort von *Spreeland* singt er dem Adel eine Lobeshymne. Aber Fischer weist nach, welche reaktionäre und verhängnisvolle Rolle ein Teil dieses märkischen Adels in der Politik des 19. und 20. Jahrhunderts gespielt hat. »So erlebte der Leser« bei Fontane »den Land- und Landesadel von einer sehr sonntäglichen Seite, näherte sich ihm auf eine andachtsvolle, wenn nicht gar fromme Weise und fand sich, leicht an die Hand genommen, mit diesem Adel aufs angenehmste versöhnt.«

»Kriegsbeschreibungen und Erlebnisse«

»Historischen Grund und Boden zu betreten, hatte zu jeder Zeit einen besonderen Zauber für mich, und Schlachtfelder werd' ich denn auch wohl in Westeuropa nicht viel weniger als hundert gesehen haben« (*Von Zwanzig bis Dreißig*). Bei seinem zweiten preußisch-konservativen Projekt konnte Fontane diesem Hobby ausgiebig nachgehen: Er schrieb über die drei Kriege unter Preußens und Bismarcks Führung, die zwischen 1864 und 1871 zur Gründung des Deutschen Kaiserreiches führten: einen Band über den *Schleswig-Holsteinschen Krieg im Jahre 1864*, zwei Bände über den *Deutschen Krieg von 1866*, und vier Bände über den *Krieg gegen Frankreich 1870–71*.

Es wurden insgesamt etwa viertausend Seiten. »Zwölf Jahre lang von 1864 bis 1876 habe ich nur in dieser Zeit- und Kriegsgeschichte gelebt«, so schien es Fontane im Rückblick. Die Bände sind reich illustriert mit »Porträts [...], Initialen, Vignetten und Gefechtsscenen«, und jede einzelne Schlacht wird detailbesessen geschildert. Da ließen sich die »Klarheit der Anlage«, die Fontane laut einem Brief an seine Frau anstrebte, die lebendige Darstellung und die in den *Wanderungen* bewährte ›feuilletonistische‹ Methode nur schwer durchhalten. Fontanes Hoffnung, einzelne Kapitel werde das Publikum »wie eine Sensations-Novelle von der milderen Observanz« oder »wie eine Räubergeschichte« lesen, erfüllte sich nicht. Der mangelnde Erfolg stand in keinem Verhältnis zu der »Hundearbeit« – Fontane fand, er habe »zwölf Jahre lang, die besten Jahre« seines Lebens, an ein erfolgloses Riesenunternehmen gesetzt. Entgegen seiner Hoffnung brachte es ihm nicht einmal die Gunst des Monarchen ein.

Dem verbreiteten Patriotismus und Nationalismus der Zeit folgte Fontane erfreulicherweise nur bedingt. Er bemühte sich um Unparteilichkeit und wollte auch Preußens Gegnern gerecht werden. In einer Zeit des steigenden Antisemitismus betonte er sogar, dass die jüdisch-preußischen Soldaten sich während der Kriege auszeichneten. Obwohl er wusste, dass das brutale, mechanisierte Kriegsgeschehen mit seinen riesigen Menschenmassen und Hunderttausenden von Toten längst zu einer »Wissenschaft des Tödtens« geworden war (*Der Schleswig-Holsteinsche Krieg*), hing sein Herz an ›romantischen Heldentaten‹. Heroische Episoden pflichtbewusster Soldaten wie die folgende durchziehen die Kriegsbücher:

> Wer mochte ohne Hochgefühl hören, wie der General v. Raven, als eine Kartätschkugel ihm das Bein zerschmetterte, ausrief: »Es ist Zeit, daß wieder einmal ein preußischer General für seinen König stirbt!« (*Der Deutsche Krieg*)

Die modernen Neuauflagen der Kriegsbücher werden bei der heute sehr viel kritischeren Einstellung gegenüber dem Krieg mehr vom Interesse an Fontane als von einer Begeisterung für den Stoff getragen. Bei den jüngeren Generationen haben Serien, Filme und Computerspiele über den modernen oder den Science-Fiction-Krieg mit seinen kosmischen Dimensionen wohl das Interesse an ausführlichen »Kriegschroniken« verdrängt, bei denen Regimenter vor und zurück marschieren und die Kavallerie kühne Attacken reitet. Am lesbarsten ist heute sicher das kürzeste der Kriegsbücher, *Der Schleswig-Holsteinsche Krieg im Jahre 1864*.

»Meine memoirenhaften Schreibereien«

In seinem letzten Lebensjahrzehnt veröffentlichte Fontane zwei autobiographische Bücher über die ersten dreißig Jahre seines Lebens:

Aus therapeutischen Gründen und auf Empfehlung eines Arztes begann Fontane 1892 mit *Meine Kinderjahre.* Das Schreiben sollte helfen, ihn aus einer tiefen, anhaltenden Depression zu befreien, und tatsächlich habe er sich daran »gesund geschrieben«, wie er in seinem Tagebuch festhielt. Entstanden ist ein reizvolles, noch heute höchst lesenswertes Buch. »Ich [...] erzähle nur Kleinkram«, charakterisierte Fontane sein Unternehmen. Aber gerade dass er dabei nicht den zukünftigen Dichter und seine Karriere im Blick hatte, macht die Schilderung seiner Kindheit an der Ostsee so liebenswert. Es ist »das alltägliche Leben einer kleinen baltischen Stadt aus dem ersten Drittel dieses [19.] Jahrhunderts« und das äußere und innere »alltägliche Leben eines norddeutschen Jungen«, also »im kleinsten Rahmen ein Zeit- und Kulturbild«, schrieb er 1894. Ein eingeschobenes Kapitel stellt ein verständnisvolles Porträt seines noch ganz französisch geprägten charmanten, aber unverantwortlichen Vaters dar.

Von Zwanzig bis Dreißig (1898), der umfangreiche Band Fontanes über sein privates, berufliches und literarisches Leben als junger Erwachsener mit der Entwicklung seiner politischen Einstellungen und der Darstellung seiner Apothekerjahre ist für das Verständnis seines Werdegangs und als späte Einschätzung seiner frühen Jahre wichtig – schon weil sie nicht immer den frühen Quellen entspricht. Das Mittelstück und der Hauptinhalt des Bandes allerdings, die ausführliche Schilderung des literarischen »Kleindichtervereins« (Paul Heyse) ›Der Tunnel über der Spree‹, interessiert heute eher Spezialisten. Die meisten Mitglieder des Vereins sind kaum mehr bekannt; außer Fontane ist kein Dichter von Bedeutung aus dem Verein hervorgegangen (allerdings war ein bedeutender Maler Mitglied: Adolph von Menzel).

Christian Friedrich Scherenberg und das literarische Berlin von 1840 bis 1860 (1884) ist für die Interessenten der Kulturgeschichte Berlins aufschlussreicher als für die übrigen Fontane-Leser, denn Scherenberg, der damals erfolgreiche Verfasser heute völlig obsoleter Schlachtenepen (zum Beispiel *Waterloo*) ist vergessen.

»Ein Lied oder höchstens ein paar« – Kosthäppchen 2

Wurzels
(Berliner Ehedialoge)

»Wurzel, wir wollen nun an die See,
Heute (als letztes noch) koch ich Gelee,
Friederike bleibt und sorgt für Torf, –
Ich denke, wir gehen nach Heringsdorf.«

»Ahlbeck.«

»Wurzel, mit Hermann wird es nun Zeit,
Alles hier draußen ist freilich so weit
's Gymnasium auch (und täglich zweimal),
Aber mit Pferdebahn ist es egal,
Ich denke mir also ›Joachimstal‹.«

»Steglitz.«

»Wurzel, der Winter ist nun bald da,
Mir graut schon vor dem Gesellschaftstrara,

Aber was hilft es (sie reden schon),
Also Scherzers, Kopisch, Liliencron
Und vielleicht die Familie Levysohn …«

»Meyers.«

»Wurzel, du bleibst doch, wie du bist,
Ein Igel an dir verloren ist,
In der Tanzstund, als Bräutigam und nun ehrlich
Immer gleich aufbäumsch und unausstehlich;
Mag man sich noch so den Kopf zerbrechen,
Du widersprichst, um zu widersprechen,
'ne Scheidung gibt es schließlich *doch*!«
»Ich denke mir, du besinnst dich noch.«

Umsonst

Immer rascher fliegt der Funke,
Jede Dschunke und Spelunke
Wird auf Wissenschaft bereist,
Jede Sonne wird gewogen,
Und in Rechnung wird gezogen,
Was noch Sonnenjenseits kreist.
Immer höher Wissenstempel,
Immer richtiger die Exempel,
Wie Natur es draußen treibt,
Immer klüger und gescheiter,
Und wir kommen doch nicht weiter,
Und das Lebensrätsel bleibt.

Summa summarum
oder
Alles in allem

Ein kleine Stellung, ein kleiner Orden
(Fast wär ich auch mal Hofrat geworden),
Ein bisschen Namen, ein bisschen Ehre,
'ne Tochter »geprüft«, ein Sohn im Heere,
Mit 70 'ne Jubiläumsfeier,
Artikel in Brockhaus und in Meyer.
Altpreußischer Durchschnitt. Summa summarum,
Es drehte sich alles um Lirum Larum,
Um Lirum Larum Löffelstiel,
Alles in allem, es war nicht viel.

»Sehr ausgezeichnete Romane«

Fontanes erzählendes Œuvre ist ein Alterswerk mit den dafür typischen Zügen: Bildungsfülle, Lebensreife und -erfahrung, »verschlagene Weisheit« (Thomas Mann), Plauderhaftigkeit, mangelnde Leidenschaftlichkeit und Rührseligkeit. Die Romane stellen Deutschlands bedeutendsten, ja beinahe einzigen Beitrag zum europäischen realistischen Roman des 19. Jahrhunderts dar. Fontane veröffentlichte seinen ersten Roman 1878 im Alter von 59 Jahren und seinen letzten in seinem Todesjahr 1898. In diesen letzten zwanzig Jahren seines Lebens publizierte er sechzehn Romane, und ein weiterer erschien postum – eine erstaunliche Altersleistung. Zu seinen Lebzeiten galt Fontane allerdings nicht als Erfolgsautor; die Verlage rissen sich nicht um seine Werke: Die Vorabdrucke der Romane erschienen in zehn Zeitschriften, die Erstausgaben in sieben verschiedenen Verlagen. Der Grundcharakter von Fonta-

Fontane verwendet gelegentlich den Begriff »Novelle« für seine kürzeren Erzählwerke, aber er gilt heute als Romancier. In den folgenden Charakterisierungen wird deshalb durchgängig der Begriff »Romane« verwendet.

Nicht alle Romane bieten einen überzeugenden Zugang zu Fontane. Mit welchen beginnt man die Lektüre am besten? Hier meine Empfehlung – fünf Sterne: *unbedingt lesen!*, ein Stern: w*er am Ende noch Lust hat …*:

*****

- Effi Briest
- Irrungen, Wirrungen
- Frau Jenny Treibel
- Schach von Wuthenow

****

- Der Stechlin
- Die Poggenpuhls
- Unwiederbringlich

***

- Mathilde Möhring
- Cécile
- Vor dem Sturm
- Quitt

**

- L'Adultera
- Stine
- Graf Petöfy
- Unterm Birnbaum

*

- Grete Minde
- Ellernklipp

nes Romanen ist kritisch, konfliktreich und tragisch, nur drei enden versöhnlich.

Aber welche dieser siebzehn Romane bilden gewissermaßen die ›Pflichtlektüre‹ – und in welcher Reihenfolge liest man sie am besten? Wovon handeln sie? Worauf muss achten, wer das Leseerlebnis genießen, die Werke verstehen und ihrem künstlerischen Anspruch gerecht werden will?

Versuchen wir zunächst etwas thematische Ordnung in die Romane zu bringen, denn das könnte den Lesern, entsprechend ihren Interessen, bei der Auswahl helfen:

- Drei kurze ›kriminalistische‹ Romane weisen mit ihren historischen Episoden, die auf tatsächlichen Ereignissen beruhen, noch auf die *Wanderungen* zurück: *Grete Minde*, *Ellernklipp* und *Unterm Birnbaum*.
- Zwei Romane thematisieren Preußens größte historische Katastrophe: die Niederlage gegen Napoleon am Anfang des 19. Jahrhunderts. *Schach von Wuthenow* spielt vor der verlorenen Schlacht Preußens gegen die Franzosen bei Jena und Auerstedt im Oktober 1806 und *Vor dem Sturm* zu Beginn des Widerstandes gegen die französische Besetzung im Winter 1812/13.
- Zwei Romane führen in die kurz vorher von Preußen besiegten Länder Österreich und Dänemark: *Graf Petöfy* 1874 ins Habsburger Kaiserreich und *Unwiederbringlich* 1859 nach Schleswig und Kopenhagen. In ihnen werden Eheprobleme mit zeitgenössischer politischer Thematik verbunden.
- *Quitt*, halb in Schlesien und halb in Nordamerika spielend, ist in der ersten Hälfte ein dörflicher Kriminalroman im provinziellen Preußen und in der zweiten eine Freiheitsutopie.

Die meisten Romane Fontanes gibt es auch in Reclams Universal-Bibliothek – nach ihnen wird hier zitiert. Anders als die Brief- und Tagebuchauszüge wurden die Zitate in der Rechtschreibung dem heutigen Usus angepasst.

- Die verbleibenden neun Romane bilden die märkischen und Berliner Zeitromane – die eigentliche Spezialität Fontanes: *L'Adultera, Cécile, Irrungen, Wirrungen, Stine, Frau Jenny Treibel, Effi Briest, Die Poggenpuhls, Der Stechlin, Mathilde Möhring.* Fontane selbst erwähnt in einem Brief »den berlinischen ›flavour‹«, auf den er sich »schließlich doch wohl am besten verstehe«.
- Hinzu kommt der kleine Band *Von vor und nach der Reise. Plaudereien und kleine Geschichten* (1893) mit zehn Erzählungen von unterschiedlichem Gewicht, die zwischen 1873 und 1893 entstanden.

Um den Lesern und Leserinnen die Spannung und den Reiz der Lektüre nicht zu verderben, werden bei der folgenden kurzen Vorstellung der Romane ›Spoiler‹ vermieden – Fortgang und Ende der Handlung werden also nicht verraten. Vielmehr soll durch Fragen Interesse geweckt werden.

Vor dem Sturm. Roman aus dem Winter 1812 auf 13 (1878)

Die über zwanzigjährige Arbeit an dem »Vielheits-Roman«, wie Fontane selbst sein Werk gegenüber Paul Heyse verteidigt, fällt mit der Entstehungszeit der *Wanderungen* zusammen und weist gemeinsame Züge mit ihnen auf: die konservative Grundhaltung, die Vorliebe für den Adel und die ausführlichen historischen, märkischen, baulichen und landschaftlichen Exkurse. Der Roman entwirft mit einer Fülle von Personen aus der adligen, bürgerlichen und ländlichen Welt in Berlin und dem Oderbruch ein Panorama märkischen Lebens, Fühlens und Denkens in einem der kritischsten Momente in Preußens Geschichte in einer heimatfrommen Grundhaltung. Im Vierteljahr zwischen Weihnachten 1812 und Ostern 1813 (symbolische Folie: Geburt und Auferstehung Jesu) löst sich Preußen nach Napoleons Demütigung und Okkupation des Landes aus dem Bündnis mit Frankreich und beginnt den ›Freiheitskrieg‹ und Preußens Erneuerung. Da der König zögert, beginnen Militär und Volk den Widerstand auf eigene Faust – bei Fontane ein Überfall auf die französische Besatzung in Frankfurt an der Oder. Gelingt er oder scheitert er – und mit welchen menschlichen Folgen? Private und politische Treue und Erneuerung bilden das zentrale Thema von Fontanes Roman. Sie betreffen auch das märkische Haus von Vitzewitz und die mit ihm durch Heirat verbundene polnische Familie von Ladalinski. Beide haben einen Sohn und eine Tochter, und es ist der Wunsch der Väter, ihre Kinder miteinander zu verheiraten. Aber sind ihre nationalen und persönlichen Gegensätze überbrückbar?

Grete Minde. Nach einer altmärkischen Chronik (1880)

Fontane bezeichnete seinen kleinen Roman treffend als »Sitten- und Charakterbild aus der Zeit vor dem dreißigjährigen Krieg«. Er spielt in Tangermünde nach der Konversion des Brandenburger Markgrafen Sigismund zum Calvinismus (1613). Die Handlung verfolgt das Schicksal des Teenagers Grete Minde, die mit ihrem Freund Valtin aus dem Vaterhaus flieht, wo sie vom Halbbruder und ihrer hochmütigen Schwägerin schlecht behandelt wurde. Nach drei Jahren bei einer Schauspielertruppe kehrt sie mit ihrem während ihrer Abwesenheit geborenen Kind zurück und fordert vom missgünstigen Bruder ihr väterliches Erbe. Was sind die Folgen für Grete und die Stadt? Der Kurzroman (etwa 100 Seiten) thematisiert die Spannungen zwischen Katholizismus und Protestantismus, Heimat und Vagabundentum, Liebe und Hass, Leben und Schauspiel, Vergebung und Rache.

Fontane erklärte, er sei stolz auf den ausgesprochen »norddeutschen Lokalton« in *Grete Minde* und *Ellernklipp*. Aber heute wirkt dieser Stil mit seinen vielen »und«-Reihungen, mit den Ausrufen »sieh!« und »siehe da!«, mit den altertümelnden Wörtern (»dieweilen«) und dem Kitsch (»Und heiße Tränen begleiteten ihr Gebet«) eher forciert und pseudonaiv. Die Erzählung schwankt zwischen religiösen, sozialen und psychologischen Begründungen für Gretes Entwicklung. Sie enthält aber schon Ansätze zu der für Fontane so wichtigen gesellschaftskritischen Analyse. Die plakative Symbolik, die demonstrativen schicksalhaften Vorausdeutungen und die sentimentale Religiosität mögen Konzessionen an den Zeitgeschmack sein, zeigen aber auch, dass Fontane noch nicht die erzählerische Souveränität seiner späten Romane erreicht hat.

Ellernklipp (1881)

Das Eifersuchtsdrama »nach einem alten Harzer Kirchenbuch« enthält mit Hilde Fontanes erste »languissante« Frauengestalt, die er in zwei Briefen charakterisierte: »Sie tut nichts, am wenigsten etwas Böses, und doch verwirrt sie regelrechte Verhältnisse.« Die Adoption des vornehm-bleichsüchtigen Mädchens mit seinem »halb rätselhaften Zauber«, Kind eines Grafen und einer bohème-, ja fast hexenhaften Mutter, polarisiert die soziale und religiöse Dorfgesellschaft und zerstört arglos die Beziehung von Vater und Sohn. Wohin führen diese familiären Spannungen? Das sentimentalisierte Christentum mit dem Schicksalsglauben (»Ewig und unwandelbar ist das Gesetz«) und der pseudonaive Erzählton beeinträchtigen die konsequente psychologische Begründung des Geschehens.

L'Adultera (1882)

Fontanes erster ›Berliner Roman‹ nach einem gesellschaftlichen Skandal zeichnet ein großbürgerliches Bild der neuen Reichshauptstadt. Das Haus des ungehobelten Berliner Kommerzienrats van der Staaten (!) und seiner vornehmen 25 Jahre jüngeren Schweizer Frau und ihr gesellschaftlich dubioser Freundeskreis mit brillanten Charakterstudien sind »in bilderschwärmende Montecchi und musikschwärmende Capuletti« geteilt: Der moderate Hausherr liebt die bildende Kunst, seine Frau ist Wagner-Verehrerin. Ahnungslos schenkt er ihr zu Beginn des Romans eine Kopie von Tintorettos Gemälde *Die Ehebrecherin vor Christus* – daher der Titel. Die Eheprobleme des immens reichen Ehepaars kommen an die Oberfläche, als ein junger Volontär, ein weiterer Wagner-›Fan‹, zu ihnen zieht. Welchen Einfluss übt er auf das Ehepaar aus? Wird seine Anwesenheit ihre Ehe zerstören? Dies ist der erste Roman Fontanes, der teilweise in Italien spielt.

Schach von Wuthenow. Erzählung aus der Zeit des Regiments Gensdarmes (1883)

Mein Fontane-Lieblingsroman spielt in Berlin im Frühherbst 1806. Während das dekadente Preußen gegenüber dem aggressiven Napoleonischen Frankreich zwischen Nachgeben und Widerstand schwankt, schwankt der eitle Offizier Schach von Wuthenow vom angesehenen Regiment Gensdarmes zwischen der schönen Frau von Carayon und ihrer von Blatternnarben entstellten Tochter Victoire. In geistreichen Gesprächen werden seine Unentschlossenheit und die politische Situation kontrovers in militärischen und zivilen Kreisen diskutiert. Ein neues Thema taucht mit der Aufführung von Zacharias Werners Luther-Stück *Die Weihe der Kraft* auf, das unter anderem unterschiedliche Urteile über die Beziehung zwischen Luthertum und Preußentum provoziert. Die spektakuläre parodistische Aktion, mit der Schachs Regimentskameraden Werners Stück lächerlich machen, führt zu Enthüllungen, die Schach zur Entscheidung und schließlich sogar das königliche Paar zum Eingreifen zwingen. Die Folgen sind unerwartet und bestürzend. Brillante gesellschaftliche Szenen mit geistreichem Dialog, bei denen auch historische Persönlichkeiten auftreten – etwa bei Prinz Louis Ferdinands Herrenabend – durchziehen den Roman.

Graf Petöfy (1884)

Kann die Ehe zwischen dem Siebzigjährigen, ungarischen und katholischen Grafen Petöfy und der 26-jährigen, norddeutschen, protestantischen und bürgerlichen Schauspielerin Franziska Franz glücklich werden, wenn sie bei dem »kitzligen Punkt« auf einem »Pakt« (so Fontane selbst) beruht? Der Graf bringt gewissermaßen seine überfromme Schwester, deren Beichtvater und seinen jungen Neffen, einen attraktiven Husaren-Offizier, mit in die Ehe, Franziska ihre Freundin. Auf dem ungarischen Schloss des Grafen wird die eheliche Treue der jungen Frau herausgefordert. Wie reagiert sie, wie ihr Mann? Die politischen Verhältnisse spiegeln die privaten Ereignisse: Der Graf – »gut kaiserlich und gut wienerisch, aber freilich auch gut ungarisch« – möchte seine Ehre und die Einheit des Habsburger-Reiches bewahren, das zusammenzubrechen droht. Der Roman ist voller anspielungs- und geistreicher Gespräche. Hier wie auch bei *Schach von Wuthenow* ist der katholisierende Schluss problematisch.

Unterm Birnbaum (1885)

Fontanes ›echteste‹ Kriminalgeschichte spielt in einem märkischen Dorf, das dem Oderdorf Letschin nachgebildet ist, wo seine Eltern die Apotheke besaßen. Die teilweise parodistisch anmutende soziale Studie der Dorfgesellschaft mit ihren Spannungen und Gerüchten und mit ihrer von Religion, Aberglauben und Politik geprägten Welt ist verbunden mit der psychologischen Analyse einer innerlich und innerhalb ihrer Umgebung auch äußerlich entfremdeten Ehe. Der verschuldete Gastwirt und Besitzer des Kolonialwarenladens Hradscheck ist als Böhme Außenseiter und seine Frau als ehemalige Katholikin und ›hochgestochene Dame‹ Außenseiterin in der ländlichen Gesellschaft.

Hat Hradscheck den polnischen Handlungsreisenden ermordet und seine Frau in das Verbrechen hineingezogen? Was ergeben die Zeugenvernehmungen? Wie reagieren die staatlichen Autoritäten? Fontane sah die Botschaft des Romans in dem simplistischen (?) Bekenntnis: »das Schöne, Trostreiche, Erhebende schreitet […] gestaltlos durch die Geschichte hin und ist einfach das gepredigte Evangelium von der Gerechtigkeit Gottes, von der Ordnung in seiner Welt«.

Cécile (1887)

Die bezaubernd schöne, »ganz auf Huldigung und Pikanterie gestellte« Cécile von St. Arnaud, die mit einem älteren, streng wirkenden Oberst a. D. verheiratet ist, fasziniert im Harz-Urlaub den Ingenieur Leslie-Gordon – er verliebt sich in die geheimnisvolle Frau. Warum hat sie den Oberst geheiratet? Wer ist sie? Hat sie eine ›Vergangenheit‹? Durch seine Schwester erfährt er mehr über sie und ihr problematisches Vorleben. Trotzdem ›umcourt‹ er sie später in Berlin weiter. Hat er einen Rivalen um ihre Gunst? Warum lebt sie in einem Kreis von »Frondeurs […] gelegentlich auch gegen das Hohenzollerntum«? Sein Benehmen beschwört bedenkliche Spannungen mit Céciles Mann herauf. Was sind die Folgen für Cécile, St. Arnaud und Leslie-Gordon?

Irrungen, Wirrungen (1888)

Als »Schilderer der Demimondegesellschaft« hat Fontane mit dieser »Berliner Alltagsgeschichte« die »konventionelle Lüge [und] Heuchelei« der bürgerlichen Gesellschaft, wie er sehr wohl wusste, am provozierendsten herausgefordert. Die Leser begegnen fünf preußischen Offizieren und deren kleinbürgerlichen oder proletarischen Geliebten, sprich: Prostituierten – »So von fuffzehn an und noch nich mal eingesegnet«. Die Porträtierung der Offiziere entspricht nicht gerade dem offiziellen Bild des im preußischen Staat so wichtigen Militärs. Hinzu kommt die ehemalige Beziehung der korpulenten Frau Dörr (!). Selbst die sympathische Schneiderin Lene, deren Verhältnis mit Baron Botho von Rienäcker im Mittelpunkt der Handlung steht und die mit ihm – zum Entsetzen mancher zeitgenössischer Leser – eine Nacht in einem Gasthof verbringt, hat vor ihm schon eine Affäre gehabt. Liebe in einer unstandesgemäßen Ehe oder Standesbewusstsein, Pflichterfüllung und die Heirat mit seiner reichen Cousine, die seine Familie finanziell sanieren soll und bei einem Kuraufenthalt in Schlangenbad (!) ihre eigenen Irrungen, Wirrungen erlebt – wofür wird sich Botho entscheiden und mit welchen Konsequenzen?

Stine (1890)

Zwei alternde Aristokraten unterhalten ein Verhältnis zu einer proletarischen Witwe und einer Schauspielerin, »Gestalten aus dem Berliner Volksleben« – wie Fontane sie charakterisiert. An einer ihrer frivolen abendlichen Partys nehmen die sittenstrenge jüngere Schwester der Witwe und der nach einer Verwundung kränkelnde junge Neffe des Grafen teil; sie fühlen sich aber von der freizügigen Atmosphäre mit ihren vielen sexuellen Anspielungen abgestoßen. Zwischen den beiden lebensängstlichen jungen Menschen aus völlig unterschiedlichen sozialen Klassen bahnt sich eine Liebe an. Scheitert sie an den strikten gesellschaftlichen Gegebenheiten, aus denen der Neffe ausbrechen will? Fontanes sozialkritische Studie porträtiert den Adel als funktionslos und obsolet. Der forciert sexuelle Ton der Anfangskapitel bewegt sich an der Grenze des für damalige Leser Zumutbaren.

Quitt (1891)

Der Roman besteht aus zwei sehr unterschiedlichen Teilen:

I. Im Schlesischen Riesengebirge führt nach dem Deutsch-Französischen Krieg von 1870/71 die schwelende Feindschaft zwischen dem autoritätssüchtigen, ›superpreußischen‹ Förster Opitz und dem freiheitsliebenden Schreiner Lehnert Menz zum Tod des Ersteren. Menz wird des Mordes verdächtigt. Sein Haus wird fluchtsicher umstellt: »so musst er denn, wenn nicht ein Wunder geschehen, im Hause selbst irgendwo verborgen sein«. Aber auf scheinbar unerklärliche Weise lässt der Autor ihn entfliehen, aber wie?

II. Sechs Jahre später begegnen die Leser Menz in Amerika wieder. Er landet nach allerlei Abenteuern in einer Mennonitenkolonie, wo er mit anderen dorthin Verschlagenen Frieden zu finden hofft. Die unterschiedlichsten Charaktere bemühen sich hier, in einer »happy family« zusammenzuleben: Amerikaner, Preußen und Indianer, schicksalsgläubige Christen, Heiden und ein Atheist, Schuldige und Unschuldige, Intellektuelle und geistig Arme. Der autoritären preußischen Provinz des ersten Teils steht die Utopie einer freiheitlichen Gesellschaft im zweiten Teil gegenüber. Aber in dem Ehepaar Kaulbars hat sich das engstirnige Preußentum auch hierher verirrt; Kaulbars' Schwester ist mit dem »Pantoffelmacher Hecht« verheiratet – eine fischige Welt. Menz möchte Ruth, die hübsche Tochter des patriarchalischen Leiters der Kolonie, heiraten, dadurch seine Vergangenheit hinter sich lassen und sein neues Glück besiegeln. Kann es ihm gelingen, wenn eine aufgeschreckte Kreuzotter Ruth sticht – ›die Schlange im Gras‹, die im antiken Mythos Eurydike tötet? Obendrein nimmt die Landschaft in seiner Phantasie immer mehr Ähnlichkeit mit seiner geliebten schlesischen Heimat an – mit bedenklichen Folgen für sein Gewissen. Das penetrante, sentimentale Christentum und die Missionstätigkeit der Europäer, die die Indianer ihrer Welt entfremden und sie zum Dienstpersonal erniedrigen, mag auf viele heutige Leser unzeitgemäß wirken.

Unwiederbringlich (1892)

Der 1859 in Schleswig und Kopenhagen spielende Roman kreist um die Spannung zwischen Dänemark und Preußen (deutsche oder dänische Zugehörigkeit Schleswig-Holsteins?) und als Fontanes reinster Eheroman um die Ehekrise des schleswigschen Grafenpaares Holk – das Ehepaar hat sich einander entfremdet. Er ist ein weltlich gesinnter Mann, der »noch nicht alt genug [ist], um auf Fleisch und Blut zu verzichten«, sie eine frömmelnde Frau »mit weniger Vergnüglichkeit als wünschenswert und mehr Grundsätzen als nötig«. Als Holk als Kammerherr einer dänischen Prinzessin in das vergnügungslustige Kopenhagen gerufen wird, wo nach seiner Frau »alles Genuss und Sinnendienst und Rausch« ist, tritt ihm in zwei Frauen »das prickelnd Anregende des Kopenhagener Hoflebens« entgegen: in einer schwedischen Hofdame und in seiner verführerischen Wirtin. Holk steht nun zwischen drei Frauen, von denen sein weiteres Schicksal abhängt. Wie und mit welchen Folgen wird er sich nach dem dramatischen Höhepunkt der Handlung und der Krise entscheiden, die durch einen Schlossbrand, ein historisches Ereignis, herbeigeführt wird? Was ist nach dem Titel des Romans ›unwiederbringlich‹?

Frau Jenny Treibel oder »Wo sich Herz zum Herzen find't« (1893)

Die schönste, witzigste und künstlerisch vollkommenste Prosakomödie der deutschen Literatur kontrastiert und ironisiert in vielen charakteristischen und symbolischen Details zwei bürgerliche Familien, einen Kapitalisten und einen altmodischen Bildungsbürger und ihren kuriosen Freundeskreis: die zusammengewürfelte Gesellschaft um den reichen, politisch ehrgeizigen Kommerzienrat Treibel, Besitzer einer Fabrik für Blutlaugensalz und Eisenvitriol, und die Intellektuellen um den Gymnasialprofessor Schmidt. Beide Familien sind dadurch verbunden, dass Schmidt der Frau des Rats einen Heiratsantrag gemacht hat, als sie noch als hübsche Tochter des Materialwarenhändlers Bürstenbinder »kleine und große Düten« klebte. Aber sie hatte größere Ambitionen. Sie verkörpert den von Fontane gehassten »Typus einer Bourgeoise«: Sie sentimentalisiert ständig vom ›Idealen‹ und ›Poetischen‹, denkt aber nur an Geld und ihren Vorteil und handelt erbarmungslos nüchtern. Spannungen entstehen, als sich Schmidts kesse, gebildete Tochter Corinna mit dem willensschwachen jüngeren Sohn der Treibels verlobt und ihren stetigen Bewerber Dr. Marcel Wedderkopp (!) enttäuscht. Währenddessen verfolgt Treibel seine politischen Ambitionen, in den Reichstag gewählt zu werden. Haben die beiden ambitiösen Projekte eine Chance auf Erfolg?

Effi Briest (1896)

Die schuldig-unschuldige Ehebrecherin Effi von Briest ist immer als Fontanes liebenswürdigste und rührendste Gestalt empfunden worden und hat schon viele Leser zu Tränen gerührt. Fontane selbst erwähnte in einem Brief die »Liebe, die sie menschlich so sehr verdient«.

Die wirkliche Effi Briest

Welches sind die rührendsten und bedauernswertesten Frauengestalten der deutschen Literatur? Ich schlage Tony Buddenbrook und Effi Briest vor. Die beiden lebenslustigen, hübschen jungen Frauen enttäuschen die Erwartungen ihrer angesehenen Familien und ertragen stoisch das Unglück, das ihr Leben überschattet. Und hinter beiden verbirgt sich eine wirkliche Person. Aber während Thomas Mann seine Tante Elisabeth, Vorbild seiner literarischen Figur, und ihr Leben gut kannte, wusste Fontane von den Ereignissen um Elisabeth von Ardenne, Vorbild seiner Figur, nur aus einem Bericht über den Skandal, in den sie 1886 in Berlin verwickelt war: »Meine Gönnerin Lessing [die Frau des Herausgebers der *Vossischen Zeitung*] erzählte mir auf meine Frage: ›Was macht denn der?‹ (ein Offizier, der früher viel bei Lessings verkehrte und den ich nachher in Innstetten transponiert habe) die ganze Effi-Briest-Geschichte, und als die Stelle kam, 2. Kapitel, wo die spielenden Mädchen durchs Weinlaub in den Saal hineinrufen ›Effi komm‹, stand mir fest: ›Das mußt du schreiben.‹« Fontane musste seine Gestalt und die Schauplätze seines Romans also weitgehend erfinden.

Freifrau Elisabeth von Plotho (* 1853) aus dem magdeburgischen Zerben bei Parey heiratete am 1. Januar 1873 den Husaren-Leutnant Baron Armand von Ardenne (* 1848) aus einer Leipziger Industriellenfamilie und lebte mit ihm zunächst in Berlin. Der Ehe wurden die Kinder Margot und Egmont geboren. Ardenne wurde 1877 nach Metz und dann, 1881, als Rittmeister nach Benrath bei Düsseldorf versetzt. Hier gehörte der Amtsrichter Emil Hartwich (* 1843), der unglücklich verheiratet war und drei Kinder hatte, zum Freundeskreis der Ardennes. Als Hobbymaler porträtierte er die Ardenneschen Familienmitglieder, und Elisabeth begann eine Affäre mit ihm. Auch nachdem Ardenne 1884 nach Berlin zurückversetzt worden war, korrespondierte das Liebespaar und traf sich bei Hartwichs Besuchen. 1886 fand ihr Mann die verräterischen Briefe des Amtsrichters an seine Frau und forderte ihn zum Duell. Es fand am 27. November 1886 statt – und endete für Hartwich mit dem Tod. Da nach dem Ehrenbegriff der Zeit die Würde eines beleidigten Mannes der höheren Gesellschaft nur durch das Duell mit dem Beleidiger wiederhergestellt werden konnte, fanden Duelle immer wieder statt, obwohl sie rechtlich geahndet wurden – Ardenne verbüßte daher eine fast sechswöchige Festungshaft. Er ließ sich am 15. März 1887 von seiner Frau scheiden und entzog ihr viele Jahre lang die gemeinsamen Kinder. Elisabeth heiratete nicht wieder, widmete sich der Krankenpflege und starb als fast Hundertjährige 1952. Ardenne ging 1904 als Generalleutnant in Pension und starb 1919.

Die siebzehnjährige lebhafte, leichtsinnige, romantische Effi wird mit dem vierzigjährigen Baron von Innstetten verheiratet, einem nüchternen, korrekten preußischen Beamten, der vor Jahren schon um ihre Mutter geworben hatte! Sie zieht mit ihm nach Kessin an der Ostsee (mit starken Anklängen an Fontanes Kindheitsort Swinemünde). Als durchsymbolisiertes Ambiente spiegeln der Ort und seine Gesellschaft die Ahnungen und Ängste der neuen ›first lady‹. Nach der Geburt ihrer Tochter Annie (Umkehrung von Nina, der jungen Frau, deren bevorstehende Ehe der geheimnisvolle Chinese zerstört hat, der als bedrohlicher Schatten über Effis Kessiner Leben liegt) gleitet Effi in ihrer Unausgefülltheit in eine Affäre mit dem »Damenmann« Major von Crampas, die ihr Leben überschattet, auch noch, als sie nach Berlin zieht. Hier wird sie mit den Folgen ihres Ehebruchs konfrontiert …

Das Brautpaar Freifrau Elisabeth von Plotho und Baron Armand von Ardenne, die Vorbilder für Effi Briest und Geert von Innstetten in Fontanes Roman *Effi Briest*

Die Poggenpuhls (1896)

Über ein Jahr verfolgt Fontanes charmantester Roman in Berlin und Schlesien den Alltag der verarmten adligen Majorswitwe von Poggenpuhl, ihrer charakterlich sehr unterschiedlichen fünf erwachsenen Kinder (zwei Söhne und drei Töchter) und ihres Schwagers mit seiner Frau. Adelsstolz, Armut, preußischer Militarismus, weibliche Emanzipation, Beziehungen zum neureichen jüdischen Bürgertum und zum Kleinbürgertum prägen die geistige Welt der Familie und führen zu Spannungen. Dramatische Ereignisse kommen nicht vor. Es ist vielmehr eine liebenswürdige, aber auch bedrückende Studie über den Adel ohne Grundbesitz, der nicht mehr »ein Pfeiler der Gesellschaft [...], eine staatliche Säule« ist.

Der Stechlin (1898)

Fontanes letzter Roman, sein großartiges erzählerisches und weltanschauliches Vermächtnis, ist sein komplexestes, gedankenreichstes und zugleich ein schwereloses Prosawerk: ein »Vielheitsroman«, ein »politischer Roman«, ein »Zeitroman«, ein Gesellschaftsroman, ein autobiographischer Roman und ein Liebesroman. »Kunstvoll in seinem Bummelstil«, wie Fontane wusste, und mit vielen kritischen Anspielungen auf Zeitgenössisches unternimmt der Autor, eine ›tour d'horizon‹ im Preußen der 1890er Jahre und porträtiert mit einer Fülle von Figuren und Themen »die Signatur der Zeit« in der Spannung zwischen Wandel und Beharrung, Konservatismus und Sozialdemokratie, Provinzialität und Weltoffenheit, Staatsmacht und Parlamentarismus, Männlichkeit und Weiblichkeit, militärischem und zivilem Leben, Deutschland und anderen Nationen, Sittlichkeit und Frivolität, dem »Adel, wie er bei uns sein sollte und wie er ist«, Tradition und Modernität, Religion und Weltlichkeit, Ethik und Ästhetik, Ehe und Junggesellenschaft,

Jugend und Alter, »vornehmen« und »kleinen Leuten«, Reichtum und Armut, Deutschtum und Judentum, der ›guten alten Zeit‹ und der modernen Technik, »Fortschritt« und »Rückschritt«, »Wutz und Windsor«, »Natur und Sitte«, Altruismus und Egoismus, Pflicht und menschlicher Nachlässigkeit.

Diese thematische Vielfalt wird im Gespräch individualisiert und subjektiviert, so dass alle Wahrheit relativiert wird: »Unanfechtbare Wahrheiten gibt es überhaupt nicht, und wenn es welche gibt, so sind sie langweilig.« Alle Fanatismen, alle absoluten Wahrheiten, alle Ideologien werden in menschliche Meinungen und Urteile verwandelt. Fontane verabschiedet sich von seinen Lesern auf eine bewundernswert souveräne und moderne Weise.

»Spannungen und Überraschungen« vermeidet der Autor: »Zum Schluß stirbt ein Alter und zwei Junge heiraten sich; – und das ist so ziemlich alles, was auf 500 Seiten geschieht. [...] Alles Plauderei, Dialog, in dem sich die Charaktere geben, und mit ihnen die Geschichte«, schrieb Fontane im Entwurf eines Briefes an Adolph Hoffmann. Wenn es in diesem vielstimmigen Erzählfluss zentrale Handlungen gibt, so ranken sie sich um Vater und Sohn des märkischen Geschlechts von Stechlin. Der alte Dubslav von Stechlin – mit vielen autobiographischen Zügen Fontanes – ist geprägt von einer »tiefen, so recht aus dem Herzen kommenden Humanität« und setzt in seiner »Selbstironie [...] hinter alles ein Fragezeichen«. Bezeichnenderweise sammelt er »Wetterfahnen« von alten märkischen Kirchtürmen »wie einen Fingerknips gegen die Gesellschaft«. Sein Sohn Woldemar steht vor der Wahl zwischen zwei gräflichen Schwestern. Wird er die ältere charmante, geistreiche, kokette geschiedene Melusine (!) heiraten oder die jüngere stille, empfindsame Armgard? Die ›richtige‹ Wahl verspricht nicht nur das Glück des Paares, sondern könnte Preußen auch in eine Zukunft führen, die zu einer Balance zwischen Heimattreue und Weltoffenheit findet.

Mathilde Möhring (1906)

Der postum veröffentlichte Roman kreist um den Versuch einer nicht besonders attraktiven, aber lebensklugen Frau, durch eine Heirat aus der bedrückenden Berliner Welt des Kleinbürgertums und Proletariats auszubrechen. Sie manövriert ihren stattlichen Mann, der aber »ein Schlappier« ist, durch sein juristisches Examen und in eine angesehene Stellung. Was könnte ihren Erfolg nun beeinträchtigen? Ihre verängstigte naive Mutter mit ihren Stereotypen und Einbildungen ist einer der gelungensten und erheiterndsten Charaktere Fontanes.

»Völlig vom Zaun gebrochen folgendes Gespräch« – Kosthäppchen 3

Ein Beispiel für Fontanes anspielungsreichen Dialog aus *Effi Briest*: Frau von Padden verrät indirekt ihre ›Vergangenheit‹ und Effi ungewollt ihre Affäre mit Crampas. Frau von Padden ›prophezeit‹ dessen Schicksal und spricht vom natürlichen Menschen – ein für Fontanes Frauengestalten so wichtiges Stichwort. Auch die Spannung zwischen heidnischer Natur und christlicher ›Kasteiung‹ ist ein Fontanesches Motiv. Frau von Paddens altersweise Ratschläge und ihr Lektürevorschlag verkennen wohl ihre junge Gesprächspartnerin:

Effi saß [beim Silvesterball] zwischen der alten Ritterschaftsrätin von Padden und einer etwas jüngeren Frau von Titzewitz. Die Ritterschaftsrätin, eine vorzügliche alte Dame, war in allen Stücken ein Original und suchte das, was die Natur, besonders durch starke Backenknochenbildung, nach der wendisch-heidnischen Seite hin für sie getan hatte, durch christlich-germanische Glaubensstrenge wieder in Ausgleich zu bringen. [...]

»Nun, Kind«, sagte die Ritterschaftsrätin, »wie geht es Ihnen denn eigentlich?«

»Gut, gnädigste Frau; ich habe einen sehr ausgezeichneten Mann.«

»Weiß ich. Aber das hilft nicht immer. Ich hatte auch einen ausgezeichneten Mann. Wie steht es hier? Keine Anfechtungen?«

Effi erschrak und war zugleich wie gerührt. [...]

»Ach, gnädigste Frau ...«

»Da kommt es schon. Ich kenne das. Immer dasselbe. Darin ändern die Zeiten nichts. Und vielleicht ist es auch recht gut so. Denn worauf es ankommt, meine liebe junge Frau, das ist das Kämpfen. Man muss immer ringen mit dem natürlichen Menschen. Und wenn man sich dann so unter hat und beinah schreien möchte, weil's weh tut, dann jubeln die lieben Engel!«

»Ach, gnädigste Frau. Es ist oft recht schwer.«

»Freilich ist es schwer. Aber je schwerer, desto besser. [...] Aber im Glauben sich unterkriegen, meine liebe Frau, darauf kommt es an, das ist das Wahre. Das hat uns unser alter Martin Luther zur Erkenntnis gebracht, der Gottesmann. Kennen Sie seine Tischreden?«

»Nein, gnädigste Frau.«

»Die werde ich Ihnen schicken.«

In diesem Augenblicke trat Major Crampas an Effi heran […]. Effi war wie mit Blut übergossen, […]. Effi nannte nun Crampas' Namen, der seinerseits schon vorher vollkommen orientiert war […]. Zugleich entschuldigte er sich, den Herrschaften jenseits der Kessine noch immer nicht seinen Besuch gemacht […] zu haben; aber es sei sonderbar, welche trennende Macht das Wasser habe. […] Ich wiederhole, das Wasser hat eine scheidende Kraft.«

Frau von Padden, die darin mit feinem Gespür etwas Anzügliches witterte, wollte für das Wasser eintreten, Crampas aber sprach mit immer wachsendem Redefluss weiter […].

Dann empfahl er sich rasch unter Verbeugung gegen alle […].

»Schöner Mann«, sagte die Padden. »Verkehrt er in Ihrem Hause?«

»Flüchtig.«

»Wirklich«, wiederholte die Padden, »ein schöner Mann. Ein bisschen zu sicher. Und Hochmut kommt vor dem Fall … Aber sehen Sie nur, da tritt er wirklich mit der Grete Stojentin [zum Tanzen] an. Eigentlich ist er doch zu alt, wenigstens Mitte vierzig.«

»Er wird vierundvierzig.«

»Ei, ei, Sie scheinen ihn ja gut zu kennen.«

»Meine Erzählkünste«

Fontanes Romane erzählen bewegende menschliche Erlebnisse und Erfahrungen, die langfristige Folgen haben und deren emotionale Wirkung auf die Leser auch über hundertzwanzig Jahre nach ihrer Entstehung unvermindert anhält. Deshalb ist Fontane heute einer der meistgelesenen deutschen Romanciers vor dem 20. Jahrhundert. Er vereinigt in seinem Romanwerk geistigen Anspruch und leichte Lesbarkeit – ein unklassischer Klassiker. Aber die Leser müssen über die anrührenden menschlichen Schicksale hinweg zur Analyse der komplexen sozialen und gesellschaftlichen Konstellationen vordringen, die die Schicksale von Fontanes Menschen bestimmen.

»Der echte Realismus«

Fontanes Erzählwerk gehört zum literarischen Realismus des 19. Jahrhunderts. Die fiktive Welt der Romane entspricht der wirklichen, sinnenhaft erfahrbaren Welt der Leser. An das Dargestellte wird daher der Anspruch der Wahrscheinlichkeit und Glaubwürdigkeit gestellt. Aber anders als die Wirklichkeit mit ihrer Zufälligkeit und Unvorhersehbarkeit ist der fiktive

Lebensausschnitt des Romans ein in sich geschlossenes sprachliches Gebilde, in dem bei aller scheinbaren Natürlichkeit und Zufälligkeit künstlerische Auswahl und thematische Konzentration herrschen. Die Wirklichkeitselemente sind bedeutungsvoll aufeinander bezogen und haben eine Funktion im Ganzen. Diese »Rundung«, wie Fontane es 1881 nannte, stellt in den beziehungsreichen Vor- und Rückbezügen Zusammenhang und Sinn der Handlung her. Man bezeichnet dieses literarische Verfahren mit dem Begriff ›poetischer Realismus‹, um zu erfassen, dass die Darstellung der Realität selektiv, künstlerisch und ästhetisch gefiltert ist. Fontanes Vorstellung entsprach ganz diesem Konzept:

> Der Realismus wird erst ganz echt sein, wenn er sich […] mit der Schönheit vermählt und das nebenherlaufende Häßliche, das nun mal zum Leben gehört, verklärt hat.

Die angestrebte Übereinstimmung von realer Welt und Romanwelt zeigt sich bei Fontane schon darin, dass wirkliche Personen in seinen Romanen vorkommen und er in mehreren Fällen den Kern seiner Romanhandlung einem wirklichen gesellschaftlichen Vorfall oder Skandal entnahm, der sich meist erst fast unmittelbar vorher ereignet hatte (so bei *L'Adultera*, *Graf Petöfy*, *Quitt*, *Unwiederbringlich*, *Effi Briest*). Zweimal erfuhr Fontane auf ganz naive Weise, wie nah seine Romanwirklichkeit der Realität kam. Eine Dame freute sich nach der Lektüre von *Schach von Wuthenow* darüber, dass man ja alle Straßennamen kenne. Und einige Jahre später berichtete Fontane:

> Eben […] war eine Dame von sechsundvierzig bei mir, […] die mir sagte, ›sie sei Lene [aus *Irrungen, Wirrungen*]; ich

hätte ihre Geschichte geschrieben‹. Es war ein furchtbare Szene mit Massenheulerei.

»Ein Stück Berliner Leben«

Fontanes realistischer Zeitroman ist vorwiegend der Roman einer Stadt: Berlin. Er war sich bewusst, dass großstädtische Erfahrungen zur Gestaltung des modernen Lebens unentbehrlich sind, wie sich in diesem Briefauszug zeigt:

> Es ist mir im Laufe der Jahre [...] Bedürfnis geworden an einem großen Mittelpunkte zu leben, in einem Centrum, wo entscheidende Dinge geschehn. Wie man auch über Berlin spötteln mag, [...] das Faktum ist doch schließlich nicht wegzuleugnen, daß das, was hier geschieht [...], direkt eingreift in die großen Weltbegebenheiten.

Fontane erlebte das rapide Wachstum und die Ausdehnung Berlins im 19. Jahrhundert von der preußischen Residenz um 1800 mit etwa 100 000 Einwohnern zur Hauptstadt des Deutschen Reiches mit über einer Million. Die Ausflugsorte, die 1806 in *Schach von Wuthenow* und 1812/13 in *Vor dem Sturm* noch in der Umgebung der Stadt lagen, waren am Ende des Jahrhunderts längst Teil von ihr. »Zwischen Charlottenburg und Berlin ist kein rechter Unterschied mehr«, sagt Geheimrätin Zwicker in *Effi Briest.* Kein anderer deutscher Autor des 19. Jahrhunderts hat die neue Hauptstadt des Reiches mit ihren sozialen Umschichtungen und Problemen so lebendig dargestellt. Daher wird Fontane heute als einziger Exponent des sogenannten ›Berliner Romans‹ gelesen.

Das Berlin Fontanes und seiner Romane ist durch die baulichen Veränderungen im 20. Jahrhundert und den Zweiten Weltkrieg zum Teil zerstört worden. Das Haus Potsdamer Straße 134c, in dessen oberstem Stockwerk der Autor die letzten 25 Jahre seines Lebens verbrachte, steht nicht mehr. Aber noch immer ist das Straßenbild vielfach unverändert, ist so viel Architektonisches und Landschaftliches erhalten, dass man mit einem Fontane-Roman in der Hand die Wege seiner Gestalten nachgehen kann.

»Glück«

Das Zentrum von Fontanes Romanhandlungen bilden die »Schlängelwege des Herzens«: die Suche nach der Liebe und dem ›Glück‹. Sein erster, 1865 und 1877–79 konzipierter, aber nie vollendeter Roman sollte »Allerlei Glück« heißen. »Es gibt« nach Gideon Franke in *Irrungen, Wirrungen* »viele Wege, die zu Glück führen«, aber diese Suche endet fast immer mit Kompromissen, Enttäuschungen, freiwilligem oder erzwungenem Verzicht. Die Romane Fontanes sind daher konfliktreich und enden meist unglücklich oder sogar tragisch.

Melanie van der Straaten in *L'Adultera* muss sich damit abfinden, dass sie ihr »Glück – die Nähe des geliebten Mannes« – mit dem Verzicht auf ihre Kinder erkaufen kann. Und Cécile von St. Arnaud fragt in *Cécile*: »Gibt es nicht eine Geschichte: Die Reise nach dem Glück? Oder ist es bloß ein Märchen?« »Es wird wohl ein Märchen sein«, antwortet ihr Mann. Bothos und Lenes Sommerliebe in *Irrungen, Wirrungen* endet in Verzicht:

»Eines Tages bist du wieder glücklich und vielleicht ich auch.«
»Glaubst du's? Und wenn nicht? was dann?«
»Dann lebt man ohne Glück.«

Als der alte Graf Petöfy in dem gleichnamigen Roman die junge Schauspielerin Franziska Franz heiraten will, warnt ihn seine Schwester:

»[...] was glaubst du, dass daraus wird?«
»Mein Glück.«
»Erkauft durch das ihre.«

Besonders variantenreich wird die Suche nach Glück und Liebe in *Frau Jenny Treibel* thematisiert und diskutiert. Da ist viel Heuchelei im Spiel, vor allem bei der erzbourgeoisen Titelheldin, aber auch etwa bei Corinna Schmidt, wenn sie nach ihrer Verlobung mit Jennys Sohn behauptet: »ein Leben voll Glück und Liebe liegt vor uns«. Am Anfang und am Ende von Fontanes Romanschaffen allerdings finden zwei Paare das richtige Glück: Die Heirat zwischen Lewin von Vitzewitz und Marie Kniehase in *Vor dem Sturm* und die von Woldemar von Stechlin und Armgard von Barby in *Der Stechlin* verheißen den jeweiligen Ehepaaren selbst und Preußen eine hoffnungsvolle Zukunft.

»Die ›Gesellschaft‹ ist ein Scheusal«

Der »natürliche Mensch« möchte zwar seinen Glücksanspruch geltend machen, aber Staat und Gesellschaft unterwerfen ihn ihren einschränkenden Gesetzen, Anstandsgeboten und Konventionen. Diese waren in der zweiten Hälfte des 19. Jahrhunderts besonders rigoros und beschnitten Freiheit und Spielraum des Individuums unter anderem durch

- soziale Schranken,
- das Standesbewusstsein des Adels,
- Konventionsehen,
- die Verurteilung nicht-verheirateter Frauen zu einem Leben ohne Sexualität,
- die Aufgabe der Frau als Wahrerin der ›guten Sitten‹ und der Familienintegrität, die ›Seitensprünge‹ ohne selbstzerstörerische Folgen nur dem Ehemann gestattete,
- die ungleiche Behandlung der Frau in der Gesetzgebung, etwa bei Ehebruch und Scheidung.

All dies löst in Fontanes Romanen tragische Konflikte aus: In sieben Romanen begeht jemand Selbstmord, in vieren stirbt ein meist junger Mensch, in vier weiteren werden ein oder zwei Morde begangen. Zwei Duelle enden tödlich. In mehreren Romanen fordern Teenager die Ordnung und Autorität ihrer Eltern heraus. Nur zwei Romane enden ohne Tote, wenn auch mit Enttäuschungen. In Fontanes Romanen gibt es beinahe ausschließlich problematische Ehen, deren Partner aus Charakter-, Standes- oder Altersgründen nicht zueinander passen. In einigen ist ein Ehebruch die Folge; in anderen gibt es außereheliche Verhältnisse und uneheliche Kinder. Es sind aber nicht die Liebesgeschichten selbst, für die Fontane sich interessiert, sondern die Spannungen, die sich aus ihrem Zusammenstoß mit der Gesellschaft ergeben:

> Liebesgeschichten in ihrer schauderösen Ähnlichkeit haben was Langweiliges –, aber der Gesellschaftszustand, das Sittenbildliche, das versteckt und gefährlich Politische, das

> diese Dinge haben, […] das ist es, was mich so sehr daran interessiert.

Fontane betonte deshalb auch, »das Milieu« gebe bei ihm »den Menschen und Dingen erst ihre Physiognomie«. Die meisten seiner Gestalten sind keine Rebellen, sondern werden gegen ihre eigene Überzeugung in einen Konflikt mit der Gesellschaft getrieben und beugen sich ihren Zwängen auch dann, wenn sie damit ihr Glück zerstören, wie Baron von Innstetten in *Effi Briest*:

> Man ist nicht bloß ein einzelner Mensch, man gehört einem Ganzen an, und auf das Ganze haben wir beständig Rücksicht zu nehmen, wir sind durchaus abhängig von ihm. […] Man braucht nicht glücklich zu sein, am allerwenigsten hat man einen Anspruch darauf, und den, der einem das Glück genommen hat, den braucht man nicht notwendig aus der Welt zu schaffen […]. Aber im Zusammenleben mit den Menschen hat sich ein Etwas ausgebildet, das nun mal da ist und nach dessen Paragraphen wir uns gewöhnt haben, alles zu beurteilen, die andern und uns selbst. Und dagegen zu verstoßen, geht nicht […].

Der Konflikt spielt sich also nicht nur zwischen Mensch und ›System‹ ab, sondern auch im Inneren der Menschen selbst: »Ich respektiere die herrschenden Anschauungen. Aber man kann in die Lage kommen, sich in tatsächlichen Widerstreit zu dem zu setzen, was man selber als durchaus gültig anerkennt«, gesteht sich Waldemar Graf von Haldern in *Stine* ein. Ob das Gewissen die Menschen verurteilt oder nicht – den Konsequenzen ihrer Handlungen entgehen sie und die davon betrof-

»Sensations-Novellen — — von der milderen Observanz«

Auf den ersten Blick vielleicht überraschend – doch Theodor Fontanes Erzählwerk ist voller Sex and Crime und widerspricht oft den sittenstrengen gesellschaftlichen Konventionen seiner Zeit.

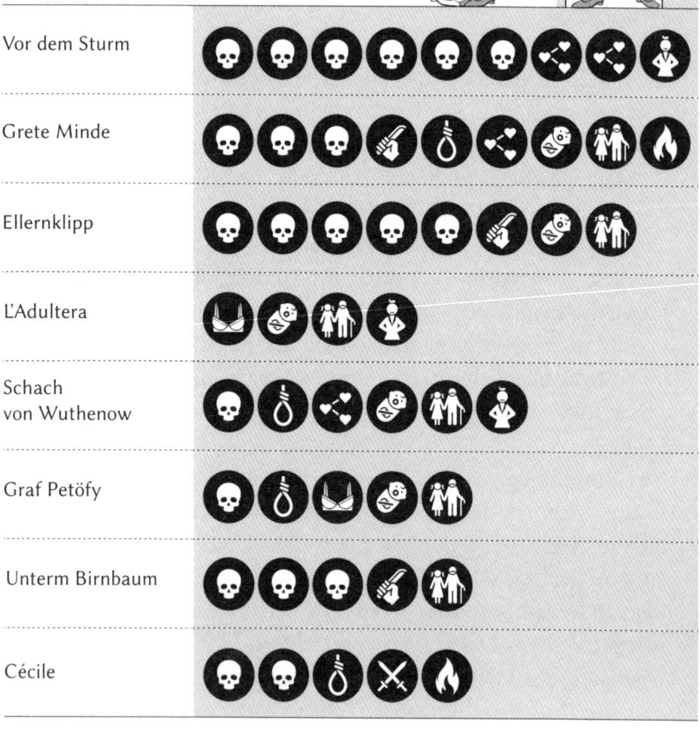

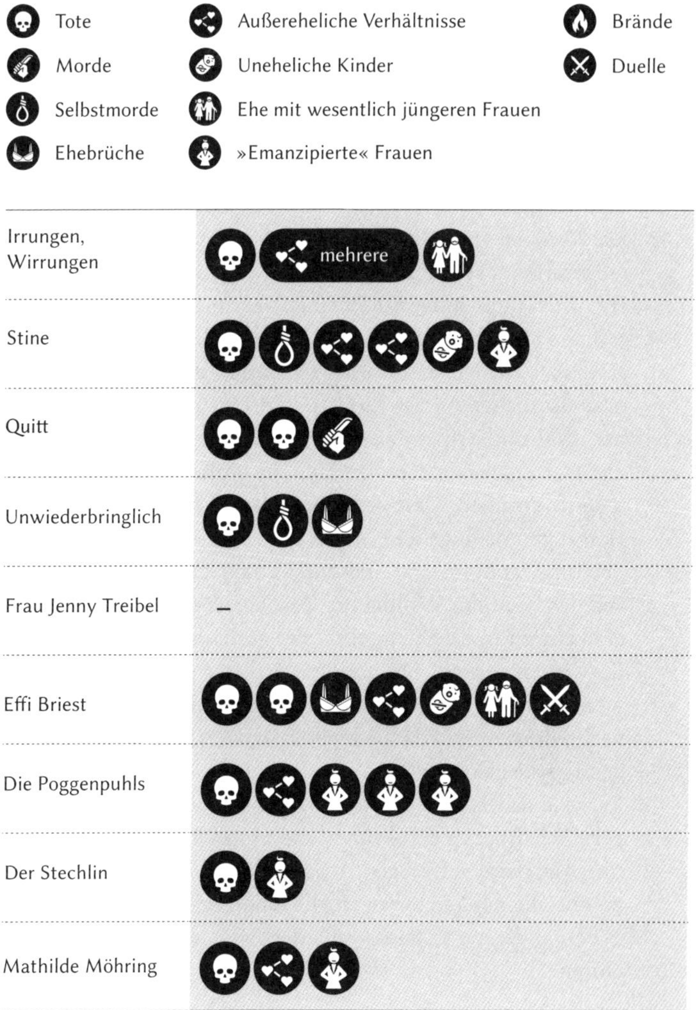
Tote
Morde
Selbstmorde
Ehebrüche
Außereheliche Verhältnisse
Uneheliche Kinder
Ehe mit wesentlich jüngeren Frauen
»Emanzipierte« Frauen
Brände
Duelle
Irrungen, Wirrungen
mehrere
Stine
Quitt
Unwiederbringlich
Frau Jenny Treibel
–
Effi Briest
Die Poggenpuhls
Der Stechlin
Mathilde Möhring

fenen Partner und Partnerinnen nicht. In Fontanes Romanen sitzen immer wieder Mitmenschen über die Vergehen anderer ›zu Gericht‹, vergeben ihnen oder verwerfen sie moralisch, selbstgerecht oder spießbürgerlich.

Wegen dieser gesellschaftlichen Bedingtheit der Menschen in Fontanes Romanen sind diese im doppelten Sinn Gesellschaftsromane:

I. Die Romane spiegeln Charakter und Atmosphäre der Gesellschaft von Fontanes Epoche; sie schildern das Verhalten von alten und jungen Menschen, Männern und Frauen, Militärs und Dienstpersonal, Adligen und Kleinbürgern in gesellschaftlichen und privaten Situationen: städtischer oder dörflicher Alltag, Kurorte und Urlaubsgepflogenheiten, Ess- und Trinkgewohnheiten, Diners, Familienfeiern und Herrenabende, Hotelaufenthalte, Volksfeste und Theateraufführungen, Gastwirtschafts- und Cafébesuche, Spaziergänge, Ausflüge und Reisen usw. Es ist ein diagnostisch präzises Panorama. In diesem Mosaik der Alltäglichkeit vollzieht sich der Wandel der Zeit, manifestieren sich Gedankenwelt und Lebensgefühl der Menschen, bahnen sich Entwicklungen an. Die Szenen sind reich an Dialog und werden häufig in Gespräch, Monolog und Brief vor- und nachreflektiert und dadurch perspektiviert und vervielfältigend gespiegelt.

II. Es geht dabei aber um die kritische Durchdringung der gesellschaftlichen Strukturen, die das Individuum prägen, unterdrücken, verformen, verurteilen oder gar töten und zu Entscheidungen zwingen, die ihr eigenes Leben und das Leben anderer verändern, aus der Bahn werfen oder zerstören.

Das Opfer dieser gesellschaftlichen Zwänge ist vor allem die Frau, und Fontanes Romane zeugen nach seiner eigenen Einschätzung von seiner Anteilnahme an ihrer prekären Lage in der patriarchalischen Gesellschaft der Zeit:

> Der natürliche Mensch will leben, will weder fromm noch keusch noch sittlich sein, […]. Dies Natürliche hat es mir seit lange angetan, […] und dies ist wohl der Grund, warum meine Frauengestalten alle einen Knax weghaben. Gerade dadurch sind sie mir lieb, ich verliebe mich in sie, nicht um ihrer Tugenden, sondern um ihrer Menschlichkeiten, d. h. um ihrer Schwächen und Sünden willen.

Sechs seiner Romane heißen nach der weiblichen Titelgestalt: *Grete Minde*, *Cécile*, *Stine*, *Frau Jenny Treibel*, *Effi Briest*, *Mathilde Möhring*. Glücklich werden sie alle nicht. Selbst die heuchlerische, sentimentale Jenny Treibel vermisst etwas bei all ihrem Reichtum.

Da nach dem allgemeinen Verständnis der Zeit die Frau ein ›natürlicheres‹ Wesen ist als der Mann, ist sie in größerer Gefahr, den gesellschaftlichen Fesseln zu entgleiten oder die gesellschaftlichen Schranken zu sprengen. Ihre elementaren menschlichen Bedürfnisse sind in der patriarchalischen, moralisch rigiden Gesellschaft zum Absterben verurteilt, wenn sie nicht die Gesetze unterminieren wollen. Die klaglos leidenden, menschlich erschütternden Ehefrauen, Liebhaberinnen oder geschiedenen Frauen mit ihrem Fremdsein in der Gesellschaft und ihren Leiden gehören zu den ergreifenden Aspekten von Fontanes Romanen. Die ›sanguissanten‹ Frauen, die eine gewisse attraktive Lethargie ausstrahlen, wirken anziehend auf die Männer und haben im gesellschaftlichen Kontext einen zerstörerischen Einfluss, ohne es zu beabsichtigen.

Fontane war bildlichen Gestaltungen solch suggestiver weiblicher Sehnsucht, solch gefährdeter Frauen schon 1857 in Manchester begegnet – er sah und rezensierte Gemälde der Präraffaeliten. An ihnen bewunderte er die »reizvolle Vieldeutigkeit [...], die da waltet, wo ein reiches inneres Leben sich in seiner Ganzheit vor uns erschließt«. Was sie in der hinweisenden Gegenstandswelt der Bilder veranschaulichten, gestaltete er in Worten.

Als Melusinen-Gestalten werden Fontanes Frauen in ihrer Liebessehnsucht und ihren Liebesaffären immer wieder mit Orten des Elementaren wie Wald und Wasser verbunden. Vor allem das Wasser, das plötzlich zur Flut werden kann, wird für die Frauen zur Gefahr, so dass sie symbolisch oder tatsächlich zu ertrinken drohen, wie etwa Franziska Franz in *Graf Petöfy*, die beredt zu schildern weiß, wie die Flut ihren Kindheitsort an der Ostsee zu überschwemmen drohte. Als sie sich in Ungarn in ihrer Ehe einsam fühlt, beunruhigen sie »tagelange Regengüsse«: »der angeschwollene Bergbach« schießt »ihr zur Linken über die Klippenwand hin in die Tiefe«. Symbolisch und tatsächlich ist das Wasser vor allem für Effi Briest sexuell gefährlich. Schon im ersten Kapitel begibt sie sich aufs Wasser und spekuliert: »so vom Boot aus sollen früher auch arme unglückliche Frauen versenkt worden sein«. Als sie in Kessin an der Ostsee zum ersten Mal das Haus ihres Mannes betritt, befindet sie sich symbolisch schon unter Wasser:

> Quer über den Flur fort liefen drei, die Flurdecke in ebenso viele Felder teilende Balken; an dem vordersten hing ein

> Schiff mit vollen Segeln, […] während weiterhin ein riesiger Fisch in der Luft zu schwimmen schien.

Schiff und Fisch hängen über ihr. Es ist nur folgerichtig, dass sie nach ihrem ›Sündenfall‹ in dem Wunsch, die Vergangenheit hinter sich zu lassen, in Berlin eine »feuchte und noch unfertige« Neubauwohnung mietet und zum »Trockenwohner« wird.

»Die hundert, ja tausend Finessen«

Wie hier schon deutlich wird, ist das Charakteristische an Fontanes Romanen ihre Durchdringung mit einer Vielzahl von unscheinbaren symbolischen Deutungselementen, die die dargestellte Wirklichkeit vielschichtig und doppelbödig machen. Was lediglich wie die präzise, realistische Wiedergabe der Außenwelt erscheint, ist ein dichtes Gewebe von indirekten Kommentaren zur Handlung und zu den Charakteren, deren Verständnis sich erst aus der ›Decodierung‹ dieses Gewebes ergibt. Wer die Geheimnisse von Fontanes Erzählkunst entziffern will, muss Detektiv spielen; und paradoxerweise sind die zu entziffernden Geheimnisse an der Oberfläche verborgen. Die Psychologie steckt in der Gegenstandswelt. Aus spiegelnden und kontrastierenden Figuren und Figurenensembles, aus Handlungsorten und -elementen, aus Gegenständen, Kunstwerken, aus historischen, mythologischen, literarischen und religiösen Gestalten und Anspielungen, aus Naturausschnitten und landschaftlichen Einzelheiten, aus Gebäuden, aus Zimmerschmuck, menschlichen Aktivitäten, Musik, Körpermerkmalen, Naturphänomenen wie Wasser, Mond und Sonne, aus Farben, blühenden oder welkenden Blumen usw. können die Leser das seelische Befinden, die inneren Entwicklungen, die Gedanken und Charakterzüge der Menschen erschließen. Durch diese manchmal vieldeutige indirekte Methode behalten Fontanes Charaktere etwas Geheimnisvolles, nicht vollständig Deutbares.

Diese Technik lässt sich am besten als ›disguised symbolism‹ charakterisieren. Dieser Begriff aus der Bildenden Kunst bezeichnet eigentlich eine Technik der spätmittelalterlichen Malerei: Die Interpretation des Geschehens und des menschlichen Empfindens und Denkens wurde dabei in die gemalten Gegenstände verlegt, so dass die Betrachter in dem Bild seine Geschichte und Bedeutung er-sehen konnten. Im 19. Jahrhundert wurde diese Technik von den präraffaelitischen Malern in England wiederaufgenommen, und 1978 übernahm Peter-Klaus Schuster den Begriff für Fontanes Romane. Fontane hat die Kunst des ›disguised symbolism‹ zur Vollkommenheit entwickelt und damit die Darstellung der realen menschlichen Welt für das Tiefenpsychologische, Tabuisierte, Irrationale, Unsagbare geöffnet. Ganze Szenen sind Psychogramme, Bild gewordene Psychologie. Lebensräume enthüllen sich als Seelenlandschaften, so beispielhaft in dem durchsymbolisierten Kapitel 14 von *Schach von Wuthenow*. Dieses Kapitel spiegelt im Ambiente Schachs Schwanken, seine Ängste und schließlich die Entscheidung über sein weiteres Leben. Dass Schach von Monogamie und Ehe nicht viel hält, konnten die aufmerksamen Leser schon bei seinem ersten Auftreten schließen: Er betritt den Salon der Carayons bei dem Stichwort »Serail- oder Haremwirtschaft«. Für die modernen Leser ist oft die erhellende Funktion der Wirklichkeitspartikel nicht mehr leicht zu erkennen, weil ihnen der Bildungshorizont des 19. Jahrhunderts fehlt – so zum Beispiel die Kenntnis der zeitgenössischen Dramatik, über die Fontane als Theaterkritiker verfügte.

Ein paar unscheinbare und eher beliebige Beispiele aus verschiedenen Romanen können den Lesern zeigen, bis in welche Details diese symbolisch durchkomponiert sind. Dass diese Zeichen und Signale die Romane durchziehen, macht ihre wiederholte Lektüre so anregend: Bei jedem Lesen entdeckt man neue Geheimnisse!

- Was signalisiert es den Lesern, wenn eine Gestalt wie Hanne Bogun in *Vor dem Sturm* »nur einen Arm« oder wie Crampas einen »zerschmetterten« Arm hat? Oder wenn jemand mit einer Person mit einem lahmen oder fehlenden Arm in Verbindung gebracht wird, wie in *Frau Jenny Treibel* Leopold Treibel, dem »ein halberwachsener Junge mit nur einem Arm« sein Pferd abnimmt, oder wie Lehnert Menz in *Quitt*, der in Amerika von einem Indianerjungen begleitet wird, dessen einer Arm »infolge eines Bruchs etwas zu kurz« war?
- Was verrät es den Lesern, wenn eine Gestalt krauses Haar hat wie Corinna Schmidt in *Frau Jenny Treibel*, der Bismarck-Hasser Baron Osten in *Irrungen, Wirrungen*, Sophie von Poggenpuhl in *Die Poggenpuhls* und Lehnert Menz in *Quitt*, dem man bezeichnenderweise »das krause Haar [...] bei den Soldaten weggekämmt« hat?
- Warum bricht in *Graf Petöfy* gerade bei Franziska Franz' Ankunft im ungarischen Schloss ihres Ehemannes eine Glocke entzwei, wenn doch Pater Feßler die Heirat mit der Bemerkung empfohlen hat: »die Seele der jungen Dame ist von einer Legierung, aus der eine Glocke werden kann, die klingt«?
- Wer hat eine Glaskugel im Garten und warum?
- Wer beobachtet, wie Züge kommen und gehen, und in welcher Situation?

- Was können die Leser daraus schließen, dass eine Frau den starken Wunsch hat, Staub aus ihrer Kleidung zu schütteln, so Corinna Schmidt in *Frau Jenny Treibel* nach ihrer Verlobung mit Leopold Treibel und Käthe von Sellenthin in *Irrungen, Wirrungen* nach ihrem Aufenthalt in Schlangenbad? Käthe kommt von ihrem Kuraufenthalt zurück und wird mit folgender Begrüßung empfangen, die die Leser leicht deuten können:

  Eine Tafel mit dem Inschriftsworte »Willkommen«, in dem leider ein »l« fehlte, hing etwas schief an der Guirlande. Käthe sah hinauf und las und lachte.
  »Willkommen! Aber bloß mit einem ›l‹, will sagen nur halb. Ei, ei. Und ›L‹ ist noch dazu der Liebesbuchstabe. [...]«

Auch die beiden bedeutenden Zeitgenossen Fontanes, die in seinen Werken ›herumspuken‹, der Kanzler Otto von Bismarck und der Komponist Richard Wagner, sind Spiegelfiguren zur Deutung anderer Gestalten. So kritisch Fontane Wagners Musik gegenüber war (vgl. ›Kosthäppchen 1‹, S. 25), seine vorwegnehmende Verbildlichung des Seelischen und des Geschehens hat eine Parallele in Wagners antizipierender Leitmotivik, die oft andeutend im Orchester erklingt, bevor das Bühnengeschehen ihr entspricht. Ja, Fontane benutzt in einem Fall sogar Wagners Musik zu einer solchen Vorausdeutung. Genau in dem Moment, wo Melanie van der Straatens künftiger Liebhaber ihr Haus betritt, spielt eine Freundin auf dem Klavier »Wotans Abschied« aus dem dritten Akt der *Walküre*. So wird ihr Mann, der ironischerweise Gegner Wagners ist, schon lange vor seiner Scheidung mit genau der ›verborgenen Symbolik‹ verabschiedet, die Wagner und Fontane teilen.

Nahezu alle Wirklichkeitsbereiche können zum Verständnis der seelischen Konstitution von Fontanes Gestalten dienen; so drücken etwa geographische Regionen und Nationalitäten psychische Eigenschaften aus: Germanisch-Christliches suggeriert Ordnung, aber auch Prüderie und Spießbürgertum (vgl. ›Kosthäppchen 2‹, S. 40). Umgekehrt rückt der Osten – vor allem das Polnische – Gestalten in den Bereich gesetzlicher Unordnung: »Das ist das Slawische, was in Ihnen nachspukt; latente Sinnlichkeit«, spekuliert Assessor von Rex über Hauptmann von Czako in *Der Stechlin*. Jeder polnische Name muss die Fontane-Leser stutzen lassen.

Wer sich den Reiz der Romane nicht entgehen lassen will, ist herausgefordert, Fontanes subtilen literarischen ›Tricks‹ nachzuspüren. Nicht umsonst forderte der Autor 1887 im Hinblick auf *Irrungen, Wirrungen*, »auf die hundert und, ich kann dreist sagen, auf die tausend Finessen zu achten«. Aber Fontanes assoziatives Denken vollzieht sich nicht völlig willkürlich, denn in seiner Phantasie stellen sich, wie aus den aufgeführten Beispielen ersichtlich, immer wieder dieselben Beziehungen zwischen bestimmten Realitätspartikeln und seelischen Dispositionen her. Es gibt viele Motive, die sich als Assoziationsketten wiederholen. Fontane-Leser können deshalb ihr ›kriminalistisches‹ Geschick bei der Suche nach den ›Codes‹ auf mehrere Romane ausdehnen.

Fontane bezeichnete sich selbst als »Bastler und Pußler«. Die Schöpfung eines Werkes vollzog sich bei ihm daher auch in zwei Phasen: »Ich schreibe alles wie mit einem Psychographen (die grenzenlose Düftelei kommt erst nachher).« Da sich aber viele der diskreten anfänglichen Andeutungen auf den Charakter der Gestalten, auf ihr künftiges Schicksal und auf das weitere Geschehen erst im Lauf der Lektüre enthüllen, empfiehlt es sich, nach Abschluss eines Fontane-Romans die ersten Kapitel noch einmal zu lesen – und zu staunen!

Religion

Fontanes Äußerungen zur Religion und zu deren Rolle in seinen Romanen sind ein problematisches und widersprüchliches Thema. Wie alle anderen Bereiche menschlicher Aktivität fungiert auch die Religion in Fontanes Romanen als ein Aspekt der ›verborgenen Symbolik‹: Bibelfiguren, Bibellektüre und Bibelzitate, Heilige und religiöse Devotionalien kommen immer wieder als Deutungsmedien vor. Zudem gibt es insgesamt fast vierzig kirchliche Repräsentanten, die – wie alle Figuren Fontanes – seinem kritischen Urteil ausgesetzt werden, das die Spreu vom Weizen scheidet.

Der durchgängigste religiöse Zug in den früheren Romanen ist der Schicksalsglaube an die gerechte Gottesordnung der Welt – eine Reflexion von Fontanes eigener Überzeugung. Den Sinn von *Unterm Birnbaum* sah er geradezu im Nachweis dieser fundamentalen Wahrheit: »Das Schöne, Trostreiche, Erhebende schreitet aber gestaltlos durch die Geschichte hin und ist einfach das gepredigte Evangelium von der Gerechtigkeit Gottes, von der Ordnung in seiner Welt.«

In dieser Ergebenheit in den Willen und in die »Gnade Gottes« äußert sich offenbar ein calvinisches Element seiner Familientradition. Immer wieder unterwirft er sich in seinen persönlichen Äußerungen Gottes Allmacht, die nach ihm das menschliche Leben regiert. Aber ich kann mich des Verdachts nicht erwehren, dass diese wohlfeilen Bekundungen vor allem seine Frau und auch ihn selbst über die vielen Entbehrungen,

Misserfolge, Zurücksetzungen und über die Armut hinwegtrösten sollten, die sie über Jahrzehnte erlitten: »Dein Trost muss sein: Gott hat es gewollt«, schrieb er im November 1870 (auf Französisch) aus der französischen Gefangenschaft an seine Frau.

Diese plakative Reduktion des Christentums auf einen vagen Schicksalsglauben entspricht nicht Fontanes sonstigem künstlerischem Niveau. Er unterliegt mit ihr in den frühen historisierenden Novellen den frommen Sprüchen und der Sentimentalisierung des Christentums, die in der zweiten Hälfte des 19. Jahrhunderts gängig war. Der christliche Kitsch in der bildenden Kunst – unter anderem der präraffaelitischen Malerei – legt dafür ein beredtes Zeugnis ab, und das liebenswürdige, besuchenswerte »Deutsche Schutzengel-Museum« in Bretten bietet dazu reiches Anschauungsmaterial.

Von den früheren Romanen ist nur in *Schach von Wuthenow* die Thematik des Christentums subtil und schlüssig mit der Handlung verwoben. Die Aufführung von Zacharias Werners Luther-Stück *Die Weihe der Kraft* begleitet das Geschehen mit kontroversen Gesprächen – unter anderem über die Beziehung zwischen Luthertum und Preußentum. Die parodistische Schlittenfahrt der Offiziere des Regiment Gensdarmes, die das Drama der Lächerlichkeit preisgibt, bildet den dramatischen Höhepunkt der Handlung und löst Victoires Bekenntnis aus. Problematisch bleibt hier – wie in *Cécile* – der katholisierende Schluss. Ist er ein Relikt von Fontanes eigener konservativer Zeit, während der Bernhard von Lepel ihn beschuldigte, *er* »steckte schon halb im Katholizismus drin«? Ist die Fixierung auf die Kirche Ara Coeli in Rom mit dem ›Bambino‹ am Ende von *Schach von Wuthenow* künstlerisch konsequent? Wird das Sterben Cécile von St. Arnauds als

Märtyrerin à la Schillers Maria Stuart in *Cécile* dieser Gestalt gerecht?

Ein später Nachklang von Fontanes vagem Schicksalsglauben findet sich noch in *Meine Kinderjahre*. Dass der etwa zehnjährige Theodor in der Ostsee nicht ertrunken ist, verdankt er nicht seinen eigenen Schwimmkünsten: »Kraft und Hülfe kamen von woanders her.« Längst hatte Fontane zu dieser Zeit eine abgeklärte, kritische Sicht des Christentums erreicht, wie die vielen kritischen Bemerkungen und scharfen Urteile in seinen Briefen an Georg Friedlaender und an andere Adressaten bekunden. Nun empfand er es als »Zumutung«, an die »Zeugungsgeschichte Christi« zu glauben und schrieb: »Persönlich bin ich ganz unchristlich«; »in Politik gewiß und in Religion und Moral ist alles Phrase. Früher statuierte ich Ausnahmen; jetzt kaum noch.« Diese distanzierte Sicht macht unter anderem den Reiz von *Die Poggenpuhls* und *Der Stechlin* aus. Nun wird in seinen Romanen das Metaphysische zum Psychologischen und zum Charakteristikum bestimmter Gestalten.

»Fragliche Unanständigkeiten«

Fontanes Romane galten zu ihrer Zeit als sexuell riskant. Kritiker belegten sie mit Urteilen wie »brenzlich«, »viel des Bedenklichen«, »schwüle Sumpfluft«, »Unsittenschilderung«, »viel gezötelt« oder »gräßliche Hurengeschichte«. Anders als in der modernen Literatur, in der es keine moralischen oder religiösen Tabus gibt, so dass sich gelegentlich die Grenze zwischen ›anständigen‹ und pornographischen Werken verwischt, unterlagen die Erzählwerke des 19. Jahrhunderts strikten moralischen und religiösen Geboten, nach denen die Schilderung vieler sozialer und aller sexuellen Phänomene als unerträglich empfunden wurde. Sie widersprachen den ›guten Sitten‹ und wirkten angeblich auf Frauen und Jugendliche korrumpierend. Die Brüder Goncourt berichten in ihrem *Tagebuch* 1862 einen extremen Fall dieser paranoiden Angst vor der Sexualität: »Die Großmutter der kleinen Michels näht die Röcke ihrer Puppen zu – damit sie nicht auf schlimme Gedanken kommen!« Die Editionsanweisung der *Gartenlaube*, der populärsten Familienzeitschrift in der zweiten Hälfte des 19. Jahrhunderts, zeigt, wie eng der Spielraum für damalige Autoren war:

> Die in unserem Blatt zur Veröffentlichung gelangenden Beiträge müssen in erotischer Hinsicht so gehalten sein, daß sie auch von jüngeren Mitgliedern im Familienkreise vorgelesen werden können. Auch darf weder eine Ehescheidung, noch ein Selbstmord vorkommen. Der Ausgang muß ein glücklicher, einen angenehmen Eindruck hinterlassender sein.

Dies legte den Autoren eine Zwangsjacke an. Es war im alltäglichen Leben und daher in der Literatur schon peinlich, bestimmte Wörter auch nur auszusprechen. Schon das Wort ›Hose‹ galt als riskant; man sprach lieber – so Kommerzienrat Treibel ironisierend – von den »Unaussprechlichen«. Ja, Roswitha in *Effi Briest* weigert sich sogar, für ihre Herrin ein Buch auszuleihen: »sie genierte sich« wegen des Titels »Die Hosen des Herrn von Bredow«. Eine Schwangerschaft umschrieb man wie in *Effi Briest* als »bevorstehendes Ereignis« oder noch vager als »unser Hausstand belebt sich mehr«.

Fontane reflektiert hier die Maßstäbe der Zeit, aber nach den genannten Richtlinien waren seine Romane trotzdem in populären Zeitschriften kaum zu veröffentlichen. Es überrascht deshalb nicht, dass mehrere Verleger seine Bücher ablehnten. Warum aber bewegte sich Fontane für viele Zeitgenossen an der Grenze des Erträglichen? Warum wusste er, dass seine »Bücher ein freies Gemüte« verlangen? Warum war er sich darüber im Klaren, dass er »kein Schriftsteller für den Familientisch mit eben eingesegneten Töchtern« war? Er selbst hielt doch »die berühmten ›Schilderungen‹« für den »Gipfel der Geschmacklosigkeit« und war überzeugt, dass ihm »Liebesscenen selbst nie glücken« würden.

Das Verdikt galt seinen unerträglichen sexuellen Handlungen und seinem bedenklichen Dialog. Es gibt in seinen Romanen uneheliche Kinder, Ehescheidungen, Ehebrüche, Verführungen und außereheliche sexuelle Beziehungen. Nur drei haben den von der *Gartenlaube* geforderten »glücklichen, einen angenehmen Eindruck hinterlassenden« Ausgang. Mit *Irrungen, Wirrungen* und *Stine* war Fontane zum bereits erwähnten »Schilderer der Demimondeschaft« geworden, denn er schildert darin außereheliche Verhältnisse zwischen Adel und Kleinbürgertum, ja Proletariat. Dabei unterhält man sich etwa auf folgende Weise:

> Und der alte Baron schob einen Stuhl ans Klavier, drehte den kleinen Schlüssel und öffnete. »Was soll es sein?«
>
> »Nun«, sagte der alte Graf, »das wenigstens sind wir dir schuldig, Freund, dass wir mit der Papageno-Arie beginnen. Also: ›Bei Männern, welche Liebe fühlen, fehlt auch ein gutes Herze nicht.‹ Aber freilich, das ist eine Plattitüde, das ist selbstverständlich. Erst was folgt, ist das Eigentliche. ›Die süßen Triebe mitzufühlen, ist dann des Weibes erste Pflicht.‹«

> Der Baron nickte zustimmend und wiederholte den Schluss: »ist dann des Weibes erste Pflicht.« Wanda aber, die, wie die meisten ihrer Art [sie ist die ausgehaltene proletarische Geliebte des Grafen und hat ein Kind von ihm], an ganz unmotivierten Anstands- und Tugendrückfällen litt, sagte mit einem Male: »Nein, meine Herren, es ist noch zu früh. Ich finde, dies Lied ist schon über die Grenze.« (*Stine*)

Mit derart anzüglichen Dialogen, die die dienende Rolle der Frau im sexuellen Selbstverständnis der damaligen patriarchalischen Gesellschaft bloßlegen, stieß Fontane auf den Abscheu vieler zeitgenössischer Leser. Seine Gespräche enthalten zahllose Doppeldeutigkeiten und sexuelle Anspielungen. In *Schach von Wuthenow* etwa rechtfertigt ein junger Offizier, warum er bei einer Abendgesellschaft gefehlt hat:

> Nun, weil ich in Französisch Buchholz nachsehen wollte, […] ob die Schulmeisters Tochter noch so lange flachsblonde Flechten hat wie voriges Jahr. Ein reizendes Kind. Ich lasse mir immer die Kirche von ihr zeigen, und wir steigen dann in den Turm hinauf, weil ich eine Passion für alte Glockeninschriften habe. Sie glauben gar nicht, was sich in solchem Turme alles entziffern lässt. Ich zähle das zu meinen glücklichsten und lehrreichsten Stunden.

Das Treiben von Offizier und Schulmeisterstochter zu »entziffern«, erfordert nur ein kurzes Nachdenken. Das schlüssigste Beispiel für die Integration des Sexuellen in die Thematik eines Fontane-Romans bildet *Frau Jenny Treibel.* Das großbürgerliche Haus des Kommerzienrats Treibel ist von einer erotischen Atmosphäre durchsetzt, die ein Verdikt über diese ungebildete, aber reiche bourgeoise Welt ist. So erzählt etwa ausgerechnet der Polizeiassessor Goldammer (!) schmutzige Geschichten.

Obwohl sexuelle ›Unregelmäßigkeiten‹ offen nicht dargestellt werden durften, gehörten sie doch bei der großen Zahl der Konventionsehen und den mangelnden Rechten der Frau im 19. Jahrhundert zwangsläufig zu den zentralen Problemen der Gesellschaft und der Literatur. Sie mussten im Roman also stattfinden, ohne stattzufinden. Dazu waren die Autoren auf subtile Methoden der Andeutung angewiesen. So gab man den Lesern Signale, die zu lesen sie geschult waren. Als Schach von Wuthenow bei einem Besuch Victoire Carayon allein antrifft und ihr Komplimente macht, heißt es:

> Ach, das waren die Worte, nach denen ihr Herz gebangt hatte, während es sich in Trotz zu waffnen suchte.
>
> Und nun hörte sie sie willenlos und schwieg in einer süßen Betäubung.

> Die Zimmeruhr schlug neun und die Turmuhr draußen antwortete. Victoire, die den Schlägen gefolgt war, strich das Haar zurück und trat ans Fenster und sah auf die Straße.
>
> »Was erregt dich?«
>
> »Ich meinte, dass ich den Wagen gehört hätte.«
>
> »Du hörst zu fein.«
>
> Aber sie schüttelte den Kopf, und im selben Augenblicke fuhr der Wagen der Frau von Carayon vor.
>
> »Verlassen Sie mich … Bitte.«

Im wahrsten Sinn ›zwischen den Zeilen‹ lässt sich Victoire von Schach verführen. Was hat sich danach geändert, damit die Leser die veränderte Beziehung der beiden erkennen? Lediglich, dass Schach Victoire duzt, was ihrem vorigen Umgang miteinander widerspricht und Intimität bedeutet. Ganz ähnlich vermitteln in *Unwiederbringlich* ein unvermitteltes Duzen und drei Punkte den Lesern ein sexuelles Abenteuer, das selbst ausgespart wird. Auch dass Victoire ihr Haar zurückstreicht, gab den Zeitgenossen einen diskreten Hinweis auf das, was hier geschehen war. Aufgelöste Haare signalisierten bei den aufwendigen Frisuren der vornehmen Damen Unordnung oder oft präziser: sexuelle Unordnung.

Gelegentlich sahen offenbar schon Zeitgenossen Fontanes nicht klar, wie weit die verschleierten Liebesverhältnisse in seinen Romanen gingen. Eine Leserin schrieb ihm, er habe »die Sache« zwischen Crampas und Effi »im Unklaren gelassen«. Aber er verteidigte sich in seiner Antwort: »Effies Brief an Crampas und die mitgeteilthen 3 Zettel von Crampas an Effi, die sagen doch alles.«

»Das erste Kapitel«

Nach Fontane ist »der Anfang […] immer das Entscheidende; hat mans darin gut getroffen, so muß der Rest mit einer Art von innerer Nothwendigkeit gelingen«. Fontane-Leser müssen daher »den ersten 3 Seiten« seiner Romane besondere Aufmerksamkeit schenken, denn an ihnen »hängt immer die ganze Geschichte«. Hier wird durch diskrete Hinweise, Assoziationen, personelle Konstellationen und latente Spannungen der Fortgang der Handlung vorweggespiegelt. In einer gesellschaftlichen oder häuslichen Situation wird die Handlung mit einer Fülle von ›verborgener Symbolik‹ entworfen – beispielhaft in *L'Adultera* mit der Ankunft des Tintoretto-Gemäldes oder in *Unwiederbringlich* mit den entgegengesetzten Charakteren der Holks und ihrem anspielungsreichen Ambiente. Selbst der wiederholte Hinweis »das Flaggentuch oben auf dem Flachdache schlug träge hin und her« enthält einen diskreten Hinweis auf die eheliche Beziehung, in der in jeder Hinsicht Windstille herrscht. Das vollkommenste Beispiel für diese Fontanesche Technik des vorausdeutenden Anfangs findet sich aber in *Effi Briest*. Effis Charakter und zukünftiges Schicksal werden hier durch ein beziehungsreiches Gewebe von Details aspektreich entworfen.

Namen

Pastor Niemeyer »liebte [...] zu sagen« – so erzählt Effi Briest dem buckligen Apotheker mit dem kuriosen Namen Alonzo Gieshübler – »der Name, [...] besonders der Taufname, habe was geheimnisvoll Bestimmendes«. Der Pastor spricht Fontane aus der Seele, denn immer wieder kommentiert der Autor in seinen Briefen vielsagende Namen und immer wieder verwendet er in seinen Romanen sprechende, kuriose, bezeichnende, amüsante, zweideutige Vor- und Nachnamen. »Fräulein Stellmacher [...] hat sich mittlerweile verlobt, sonderbarerweise mit einem Herrn Wagenmann. Das nenn' ich Namenpassendheit«, scherzte Fontane gegenüber Georg Friedlaender. In den Romanen haben die Namen oft Signalwert, erzählen Geschichten und charakterisieren oder ironisieren Gestalten. Wenn Niemeyers Tochter Hulda in *Effi Briest* »mit Leutnant Nienkerken zu scharf angestoßen« hat, so dass die Gläser zerspringen, dann können die Leser schließen, dass er Hulda nicht heiraten und sie keinen Mann bekommen wird, denn auf Plattdeutsch kann Niemeyer ›nie einen Mann‹ und Nienkerken ›nicht in die Kirche‹ heißen. In *Irrungen, Wirrungen* heiratet Adalbert von Lichterloh eine Hildegard, geborene Holtze – offenbar eine große Liebe. Und hier ein Beispiel aus *Cécile* für einen ganzen Dialog, der sich um Namensspekulationen dreht:

»Und wie heißt Ihre Schwester?«

»Clothilde.«

»Clothilde«, wiederholte sie langsam und gedehnt, und Gordon, der heraushören mochte, dass ihr der Name nicht sonderlich gefiel, fuhr deshalb fort: »Ja, Clothilde, meine gnädigste Frau. Sie wägen den Namen und finden ihn etwas schwer. Und Sie haben recht. Ich glaube auch nicht, dass ich fähig sein würde, mich jemals in eine Clothilde zu verlieben. Aber je weniger der Name für eine Braut oder Geliebte passt, desto mehr für eine Schwester. Er hat etwas Festes, Solides, Zuverlässiges und geht nach dieser Seite hin fast noch über Emilie hinaus. Vielleicht gibt es überhaupt nur einen Namen von ebenbürtiger Solidität.«

»Und der wäre?«

»Mathilde.«

»Ja«, lachte Cécile. »Mathilde! Wirklich. Man hört das Schlüsselbund.«

»Und sieht die Speisekammer. Jedesmal, wenn ich den Namen Mathilde rufen höre, seh ich den Quersack, darin in meiner Mutter Hause die Backpflaumen hingen. Ja, dergleichen ist mehr als Spielerei, die Namen haben eine Bedeutung.«

Was sollen die Leser davon halten, dass Fontanes eigene Frau Emilie hieß? Gordons Schwester ist, wie nicht anders zu erwarten, unverheiratet; und Fontanes nüchternste ›Heldin‹ wird später in *Mathilde Möhring* diesen Vornamen haben. Auch ihr Nachname enthält eine soziale Aussage: Er klingt ihr selbst zu kleinbürgerlich. »Möhring ist doch zu wenig«, sagt Mathilde, als ihre Mutter, geborene Printz (»Gott, nun auch noch ›Printz‹«), ihr nach Woldenstein schreibt. Dort heißt der Pfarrer »Lämmel«, und dort lebt Mathilde als verheiratete »Großmann«. Aber Großmann ist selbst ein ironisch kommentierender Name, denn ihr Mann ist charakterlich das genaue Gegenteil: »Er ist bloß faul und hat kein Feuer im Leibe.« Fontane-Leser sind gut beraten, die bedeutungsvollen Namensspielereien des Autors zu beachten.

Am weitesten treibt Fontane das Spiel mit den Namen in *Frau Jenny Treibel* – die meisten sind Teil der ironischen Patina des Romans. Sie signalisieren meist das Gegenteil dessen, was die Leser erwarten. An Treibels Diner nehmen »zwei Damen vom Hofe« teil: »die korpulente: Majorin von Ziegenhals, die nichtkorpulente [...] Fräulein Edwine von Bomst«.

> »Merkwürdig«, sagt Vogelsang. »Ich würde, die Wahrheit zu gestehen ...«
>
> »Eine Vertauschung der Namen doch für angezeigt gehalten haben«,

spinnt Kommerzienrat Treibel den Faden weiter. Zu den »sinnigsten Finessen« gehören die Namen des zentralen Ehepaars in *Effi Briest.* Die ›Codebrecher‹ unter den Lesern wissen schon vor der Ehe beim Betrachten der Namen »Geert von Innstetten« und »Effi von Briest«, dass die Partner nicht zueinander passen. Herauszufinden, warum, ist aber eine Herausforderung ...

Landschaftsschilderung

Die Landschaften in den Romanen sind kein poetischer Selbstzweck, sondern ein Ambiente, das auf Menschen bezogen ist. Sie dienen, wie Fontane in seinem Essay über Willibald Alexis von 1872 betont, als Stimmungsbarometer und Deutungsmedium.

> Die Landschaftsschilderung hat nur noch Wert, wenn sie als künstlerische Folie für einen Stein auftritt, der dadurch doppelt leuchtend wird, wenn sie den Zweck verfolgt, Stimmungen vorzubereiten oder zu steigern.

Immer wieder wird die Landschaft deshalb als Bild oder gar als »entzückendes Bild« (*Frau Jenny Treibel*) wahrgenommen, so etwa in *Der Stechlin* auf gut zehn Seiten vier Mal: Sie hatten »einen Überblick über das hübsche Gartenbild«; »noch anmutiger gestaltete sich das Bild [einer] von Wasserlachen durchzogenen Wiesenlandschaft, [...] nur ein paar einzelne wie vorgeschobene Kulissen wirkende Waldstreifen wurden sichtbar. Alle drei hielten an, um das Bild auf sich wirken zu lassen«; sie waren betroffen »über die Schönheit des sich ihnen jetzt darbietenden Landschafts- und Architekturbildes«. Ein Beispiel, wie Fontane einem Landschaftsbild deutende Funktion gibt, indem es ein tragisches Ereignis antizipiert, das in dem Roman selbst gar nicht vorkommt, bietet *Schach von Wuthenow*: Bei Prinz Louis Ferdinands Herrenabend blicken die Teilnehmer vom Balkon seiner Villa auf die abendliche Flusslandschaft, die »in einem glühgelben Lichte« vor ihnen liegt. Auf dem Fluss bewegen sich »zahllose Schwäne. [...] Endlich aber erschien einer in unmittelbarer Nähe des Balkons und reckte den Hals,

als ob er etwas sagen wollte«, bevor er davonsegelt. Wer das Schicksal des Prinzen kennt, begreift, dass der Abschied nehmende Schwan den Tod des Prinzen signalisiert, den dieser nur wenige Monate später in einem Scharmützel vor der Schlacht von Jena und Auerstedt erleidet.

Dialog

Das Gespräch spielt in Fontanes Romanen eine prominente Rolle. Als »Causeur« verstand es der Autor, das Plaudern unverfälscht und scheinbar unstilisiert ins Werk zu transportieren und ihm eine interpretierende Rolle zu geben. Nur wenige deutsche Autoren haben so schwerelose und zugleich gehaltvolle und konzentrierte Unterhaltungen geschrieben, bei denen sich im scheinbar unverbindlichem Plaudern unterschwellig und verräterisch versteckte Signale für die Beteiligten und die Leser verbergen. Die Konversationen sind voller Subtilität, Diskretion und Andeutungen, und sie sind zurecht berühmt für ihre Natürlichkeit, ihren Charme und Esprit (vgl. ›Kosthäppchen 3‹, S. 62). Die Lebensechtheit des realistischen Erzählens beruht ja nicht zuletzt darauf, dass die Romangestalten sich ausdrücken wie lebende Menschen. Fontane wusste, dass hier eine seiner Stärken lag:

> Ich bilde mir ein, daß nach dieser Seite hin eine meiner Forcen liegt, und daß ich auch die Besten (unter den *Lebenden* die Besten) übertreffe. Meine ganze Aufmerksamkeit ist darauf gerichtet, die Menschen so sprechen zu lassen, wie sie *wirklich* sprechen. Das Geistreiche [...] geht mir am leichtesten aus der Feder, ich bin – auch darin meine französische

Abstammung verratend – im Sprechen wie im Schreiben ein Causeur, aber weil ich vor allem ein Künstler bin, weiß ich genau, wo die geistreiche Causerie hingehört und wo *nicht.*

Fontane beherrschte eine »Simplizitätssprache« ebenso »wie die »Bummel- oder Geistreichigkeitssprache des Berliner Salons«. Sie charakterisieren die Sprecher, manchmal indem sie verräterische falsche Spuren enthalten, denn Gesprächspartner weichen aus, warnen davor, Gesagtes weiterzuerzählen, führen bewusst in die Irre oder verweigern das Gespräch ganz und gar. Paradoxerweise bildet das Schweigen einen beredten Teil von Fontanes Dialogen. Immer wieder wird das Reden bedeutsam und enthüllend durch demonstratives Schweigen unterbrochen. Wie problematisch die menschliche Kommunikation sein kann, beweist sich im Versagen des Vertrauens, im Scheitern des Miteinanders oder im Verhüllen der Wahrheit.

Dieses signifikante Schweigen kann Peinlichkeit ausdrücken wie in *Schach von Wuthenow* bei Prinz Louis Ferdinand, wenn er zum Unbehagen seiner Gäste seine bürgerliche Geliebte erwähnt; es kann resistent sein wie in *Unwiederbringlich,* wenn Christine Holk ihren Mann ihr Unglück in der Ehe spüren lässt: »Sie spricht wohl mancherlei, aber sie schweigt auch viel.« Und es kann wie in *Effi Briest* auch das Unvermögen oder das Unbehagen ausdrücken, sich seine prekäre Lage einzugestehen oder offen zu bekennen: Effi »ist mitteilsam und verschlossen zugleich, beinah versteckt«, findet ihre Mutter. Effis Mann wiederum benutzt das Schweigen, um seine Frau über den Spuk im eigenen Haus im Ungewissen zu lassen: »Schließlich entschied er sich für Schweigen.« Das Schweigen kann auch das Bedürfnis ausdrücken, die Tatsachen zu leugnen, wie es Schach von Wuthenow in dem gleichnamigen Roman tut, wenn er bei seiner Hochzeit beharrlich schweigt. Nur wenn er in seiner Phantasie der bedrückenden Realität entflieht, wird er beredt.

»Ein kleines Bonmot« – Kosthäppchen 4

Fontane ist ein Meister der aphoristischen Formulierung alltäglicher Wahrheiten, die heute so aktuell sind wie damals. Es empfiehlt sich allerdings, dabei seine eigene Warnung nicht zu vergessen: »Alle Weisheit ist nur so lange weise, bis sie widerlegt wird« und »Unanfechtbare Wahrheiten gibt es überhaupt nicht, und wenn es welche gibt, so sind sie langweilig«. Aber Vorsicht! Wie sagt Woldemar in *Der Stechlin*? – »Zugespitzte Sätze darf man nie wörtlich nehmen.« Hier eine Auswahl von Fontanes Aphorismen – zum täglichen Gebrauch:

Man muss sich darin finden, dass immer wer da ist, der einem vorgezogen wird.

Doubletten wirken nicht.

Gram embelliert [= verschönt] nicht.

Prüderie ist kleiner Stil.

Wie viele Stellen gibt es, wo der Mensch gekniffen werden kann.

Man kann nicht immer siegen.

Wenn die Gewehre erst losgehen, weiß man nie, wie die Kugeln fliegen.

Examen bleibt unter allen Umständen eine Art Lotto.

Gute Verdauung ist besser als eine Million. Dicke Haut ist noch besser als gute Verdauung.

Wir sind schließlich doch das, wofür uns andere halten.

Und sind auch verschieden der Menschheit Lose,
Gleichmacherisch wirkt die Badehose.

Alles kommt auf die Beleuchtung an.

Hass irrt, aber Liebe auch.

Man soll keines Menschen Nachtruhe nutzlos stören.

Lamm-Frömmigkeit ist schön, Schaf-Frömmigkeit ist schlimm.

Die Frommen kochen auch mit Wasser.

Unser Publikum müsste endlich lernen, dass der Unglauben auch seine Helden und Märtyrer hat.

Wer nicht persönlich zugegen ist, kommt immer zu kurz.

Jeder Hochstapler ist novellistisch angesehn ein Gott.

Mit jungen Leuten zu verkehren, ist eine Kunst, die nicht jeder hat.

Vieles kann man entbehren, wenn man 2erlei hat: Schlaf und Abwesenheit von Ärger.

Heiterkeit ist der Herold der Gesundheit.

Todesangst ist Todesangst, auch wenn man mal leben bleibt.

Idealzustände können nicht länger dauern, als 3 mal 24 Stunden.

Auch das Törichte kann einen pittoresken Zauber haben.

Versprechen – und Versprochenes halten – Ist mir noch immer zweierlei.

Die höchste Dummheit [...] entzieht sich ebenso der Berechnung wie die höchste Klugheit.

Berühmtheit ist ein Zeitungsresultat.

Der Hochmut, den die Parlamentarier ausbilden, ist etwas Schreckliches. Sie vergessen, dass es nicht 400 politische Berühmtheiten auf einem Hümpel geben kann. Aber jeder hält sich für einen Mirabeau.

Ich kann mich für Lutherfestspiele nicht interessieren.

Leisetreterei hilft gar nichts und nimmt der Opposition den letzten Rest von Respekt.

Es gibt nicht zwei Sorten von Anständigkeit, und was ein anständiger Mensch nicht darf, das darf auch ein anständiger Staat nicht.

»Ein Rühmchen«

»Ich bin nicht einen Tag Mode gewesen«, behauptete Fontane als fast Siebzigjähriger, und noch enttäuschter klang er weniger Jahre später: »Wiewohl ich eigentlich nie eine ›Zeit‹ gehabt habe, fühle ich doch, meine Zeit liegt zurück.« Er irrte, denn schon 1888 hatte er einen Hoffnungsschimmer erblickt: »die Jugend hat mich auf ihren Schild erhoben, ein Ereignis, das zu erleben ich nicht mehr erwartet hatte«. Die Jugend – mit Gerhart Hauptmann als einem ihrer Repräsentanten – huldigte nun dem literarischen Naturalismus, der auch die sozial benachteiligten Schichten der Gesellschaft unverstellt darstellen wollte, und fand in Fontanes Romanen verwandte Züge. Aber nicht nur die Jugend hob ihn auf ihren Schild. Zwar blieb Fontane ein ›auflagenschwacher Autor‹, aber sein öffentliches Ansehen stieg in seinem letzten Lebensjahrzehnt: Das Verständnis für die künstlerische Größe seines Romanwerks wuchs, 1890 erhielt Fontane den Schiller-Preis, 1894 die Ehrendoktorwürde der Berliner Humboldt-Universität – »eine große Freude«, kommentierte er in seinem Tagebuch – und 1895 eine Ehrenpension vom preußischen Kultusministerium.

Aber erst seit dem Ende des Zweiten Weltkriegs ist Fontane in den Rang des größten deutschen Romanciers des 19. Jahrhunderts aufgestiegen. Unterdessen sind sein Leben und Werk akribisch erforscht und sorgfältig publiziert worden. Eine Fülle von unbekanntem Material ist entdeckt worden. Heute genießt Fontane einen außerordentlichen Ruhm, eine ungewöhnliche Popularität und endlich auch internationales Ansehen. Gerade in *seinem* Fall hat sich seine pessimistische Erwartung nicht bewahrheitet, die er 1884 gegenüber seinem jüngsten Sohn Friedrich äußerte: »In der Literaturgeschichte scheint die Sonne über Gerechte und Ungerechte; jeder kriegt seine zwei Zeilen.« Bei Fontane sind es unterdessen nicht Tausende von Zeilen, sondern Tausende von Seiten und Hunderte von Büchern und Aufsätzen. Wäre er allerdings mit vierzig gestorben, dann wäre es möglicherweise bei den zwei Zeilen geblieben, denn bis dahin hatte er wenig Erhaltenswertes geschaffen.

Carl Breitbachs Ölgemälde von 1883 zeigt Fontane mit auf den Betrachter gerichtetem Blick und den typischen Utensilien des Dichters.

Mit Touren durch Fontanes Mark Brandenburg und Ausflügen zu Fontane-Stätten, Bühnenadaptionen und Filmversionen seiner Romane, Lesungen und Vorträgen, Fontane-Archiv und Fontane-Gesellschaft, Taschen- und Hörbüchern ist Fontane heute aber ein eigener Zweig der Kultur- und Unterhaltungsindustrie, denn es gibt – so Stefan Neuhaus in seinem charmanten und höchst empfehlenswerten *Fontane-ABC* –

Übrigens ...

Das Fontane-Archiv in Potsdam mit seinem kenntnisreichen Mitarbeiterstab und seiner umfangreichen Spezialbibliothek ist das zentrale Forschungsinstitut für die Pflege von Fontanes Werk: www.fontanearchiv.de

Und die 1990 gegründete Fontane-Gesellschaft bildet die zentrale Organisation für die Fontane-Forscher, -Interessenten und -Freunde. Die Mitglieder treffen sich zur Jahreshauptversammlung, zu Tagungen und in den regionalen Fontane-Kreisen zu Veranstaltungen, Ausflügen usw.: www.fontane-gesellschaft.de

Beide gemeinsam geben die 1965 gegründeten, heute halbjährlich erscheinenden Fontane-Blätter heraus, in denen die neuesten Entdeckungen und Forschungsergebnisse über Fontanes Leben, Werk und Welt veröffentlicht werden.

»einen F.-Preis, einen F.-Dampfer, einige F.-Straßen, F.-Plätze, F.-Denkmäler«, sogar Fontane-Festspiele und neuerdings Fontane-Ampelmännchen. Wir verlassen ihn auf dem Höhepunkt seiner öffentlichen Wertschätzung.

Unser Abschied von Fontane ist zugleich mein Abschied von ihm. Mehr als 45 Jahre lang habe ich mit zahlreichen Veröffentlichungen (Bücher, Editionen, Buchbeiträge, Aufsätze und Rezensionen) hoffentlich zum besseren Verständnis seiner Werke bei den Fontanelesern beigetragen. Mein Interesse an Fontane wurde geweckt, als mich eine meiner Studentinnen an der University of Oklahoma 1970 bat, ihre Examensarbeit über zwei Fontane-Romane zu betreuen. Das war der Anfang; mit diesem Buch möchte ich nach so vielen Jahren einen Schlusspunkt setzen.

Lektüretipps

Budjuhn, Horst: Fontane nannte sie »Effi Briest«. Das Leben der Elisabeth von Ardenne. Berlin 1985.

Fontane zum Vergnügen. Hrsg. von Christian Grawe. Stuttgart 2011. (Reclams Universal-Bibliothek. 18799.)

Grawe, Christian: Fontane-Chronik. Stuttgart 1998. (Reclams Universal-Bibliothek. 9721.)

– Führer durch Fontanes Romane. Stuttgart 1996. (Reclams Universal-Bibliothek. 9439.)

Interpretationen. Fontanes Novellen und Romane. Hrsg. von Christian Grawe. Stuttgart 1991. (Reclams Universal-Bibliothek. 8416)

Neuhaus, Stefan: Fontane-ABC. Leipzig 1998.

Nürnberger, Helmuth: Theodor Fontane in Selbstzeugnissen und Bilddokumenten. Reinbek 1968.

Schönfeldt, Sybil, Gräfin: Bei Fontane zu Tisch. Berlin 2019.

Schuster, Peter-Klaus: Theodor Fontane. Effi Briest – Ein Leben nach christlichen Bildern. Tübingen 1978 [Neuaufl. Berlin 2012.].

Spinner, Burkhard: Und alles ohne Liebe. Theodor Fontanes zeitlose Heldinnen. Frankfurt a. M. 2019.